THE NAKED CORE《ザ ネイキッド コア》

人生の縦糸

マーク小松
星夜

みらいパブリッシング

プロローグ

融合 ～Fusion

プロローグ
融合 ～Fusion

融合。

世界は今、間違いなく大いなる「融合」の時を迎えている。

Fusion ―― まさに一つに集結していくかのような感覚だ。

二〇一八年四月、私は七十三歳にして、人生始まって以来のチャレンジの時を過ごしている。

私の身体に、細胞たちの歓迎できない変質が発見されたのは、二〇一七年秋のことだった。

実は数年前から、健康診断の結果に気になる数値が出ており経過観察中だったので、具体的な症状が現れた時、私はそれが意味することを瞬時に理解した。というより、潜在意識は、自分の身体に起こっていることを、ずいぶん前から分かっていたような気がする。

こんなふうに言うと、私が現状を冷静に受け止めているように聞こえるので、「さすが、心を扱うスペシャリスト！」とでも言われそうだが、実のところ「ショックじゃなかった」と言えば嘘になる。

それどころか私は、大いに狼狽《ろうばい》したのだ。今、思い返せば笑ってしまうくらい、確定診断に恐れ慄《おのの》いた。

しかし――。そこから、様々なことが起こり始めた。

現役の外科医であり、多くの患者たちの命に向き合ってきた、私が心から尊敬する医師、長岡美妃《みき》先生を始めたくさんの方々が、今、私の身体と心をサポートしてくれている。

それはまるで、人類が次のステージに進むために、地球上で様々な「融合」が形になっていくのを、宇宙がサポートしているかのようだ。

つまり、この宇宙の動きに共振するかのごとく、私の身体という小宇宙においても、たくさんのエネルギーが融合し、圧縮が始まっているのである。

そう、まさに圧縮。大反転の再生を目指す、心と身体の融合と圧縮が加速し始めている。

二〇一八年四月初旬。その日のハワイ・オアフ島は、完璧に美しかった。

透明感溢れる風が、そこかしこの空間を満たし、海は光の反射を受け宝石のように輝いていた。

すべての命の源である母なる海、Lanikai Beach の水に戯れ、イルカのように自由に跳ね回る美しくしなやかな女性、長岡美妃先生が、完全に開放された笑顔でこう言った。

「治癒の始まりが、今、始まりましたね」

美妃先生の目は強く未来を見据えている。そこに恐れはない。在るのは、無限なる可能性に満ちた人間と宇宙を創造した根源的なエネルギーへの畏敬の念だ。

二〇一八年二月、日本・両国において、初めて美妃先生に自分の身体に起きていることを告白した。

現役医師であり、外科医として第一線でがん治療に向き合い、その後、緩和医療を深めながら、この宇宙の成り立ち、命への学びを深め続けている美妃先生だからこそ、何も隠さず相談しようと思ったのだ。

あの時、私は、迷っていた。

自分にとって初めての未知なる体験、病気の確定診断という恐怖が、時折私を襲う。

しかも重なる時は重なるもので、心から大切に想う愛娘が、とても心配な状況に陥っていたこともあり、私の気持ちは重く沈み込んでいた。

私のパートナーである星夜は、いつも「宇宙の采配は完璧だから。今、マークさんに起こっていることはすべて必然で、次に進むために必要なこと。娘さんのことも、すべて、大丈夫だから心配しないで」と言う。


分かっている。自分でもずっと教えてきたことだ。

まさに宇宙の原理原則、「意識がすべてを創造している」ということを完全に理解し、宇宙の完全性を受け入れること。


分かっている。

だが、頭の中での理解と、心の奥底から勝手に湧いてくる感情は、まるで相容れない別の生き物のようだ。

「分かっちゃいるけど、でも……」

そんな言葉だけが、繰り返される。人間はつくづく、感情の動物なのだと痛感する。

特に私は人一倍、感情のうねりが強く、人の感情に共鳴しやすい。いわゆる「エンパス」の資質があるようだ。だから自分の感情に振り回されるというよりは、周りの人たちの感情を想像し過ぎてしまい、その想像にやられてしまうのだ。

そんな私を、おそらく私以上に理解している星夜は、いつも「マークさんは気にし過ぎるから」と言う。

少々余談になるが、私に対して、ここまで臆することなく意見するのは、パートナーである星夜だけである。

あ、いや、最愛の妻、紀美を除いては。

ともあれ、感情の波に大きく揺られがちな時、私を全面的に受け入れて、共に歩んでくれる仲間がいることが、どれだけ私に力をもたらしたか——。

私と星夜で立ち上げた『MS Mother Ship』の第一期生として育ったMOMOこと梅田文有代《ふゆよ》さんは、文字通り、愛と優しさの人だ。彼女の心からの優しさが、幾度となく私を救ってくれた。

さらに嬉しいことに、彼女の夫である富士さんこと梅田富士雄さんも、二〇一八年七月現在、彼女の影響により私たちのプログラムを学び始めたのだ。

彼が輝きを増し、開放され、開花していく様子もまた、私を力づけてくれる。なぜなら、彼の魂が成長していくことが、私たちの魂の成長を促すことになるからだ。

このように、学び合いながら、互いの成長に役立つことができる深い関係性こそ、私が昔から言い続けてきたNaked Core（真我）による魂の繋がりそのものだからだ。

本当に信頼できる繋がりだからこそ、私は安心して私のままでいられる。ありのままの私とは、何かに執着することなく、頑なにならず、すべての可能性を柔軟に受け止め、スポンジのように吸収する、赤ちゃんのような私だ。赤ちゃんのような私であることにジャッジはなく、正邪もなく、優劣もない。

ただ在るのは、指数関数的に繋がり広がっていく、意識という名の「融合」。「Gathering Place」と呼ばれるオアフ島そのものの資質、魂の融合が、今の私を創り続けている。

「融合」――。これを、言葉だけでなく体感として掴《つか》み取るためには、まず、この問いに答えなければならないだろう。

「Who am I ?」私とは何者か？

こう問われて「何をバカなことを聞いているのだ？」と思うだろうか？「私は私に決まっている、私以外、一体なんだというのだ？」と、そんなふうに思う人も多いかもしれない。

では、そういう人たちに再度、問いたい。

例えば、何らかの原因で自分の脳以外のパーツがすべて入れ替わった時、そこにある身体は、自分だろうか？

さらに言えば、ＡＩが台頭してきた昨今、マイクロチップを指先などに埋め込む人たちも出てきているが、そのマイクロチップに自分のすべてのデータがコピーされ、それがどこかのメインコンピューターにアップロードされたとする。

そしてそのデータが、別の人物に埋め込まれたマイクロチップにダウンロードされ、その人の記憶やすべての意識が自分のものと書き換えられたとしたら、その人は誰なのだろう？　こんなことは夢物語や妄想だと思うだろうか？

わずか数年前、スマートフォンなどという小さな箱で世界の情報がすべて持ち運べるなんて、誰も想像していなかった。

だが、今それは必要不可欠なほど「当たり前」として存在している。もしも、マイクロチップが指先ではなく、脳幹に埋め込まれたとしたら……。

私たちが「自分である」と認識している身体は、その瞬間、自分というテリトリーから大きく離れていく。そういうことが起こりうる時代なのだ。

だとしたら、私とは一体何者なのか？

心や魂なのか？　エネルギーなのか？

何をもって、「私」というアイデンティティは保証されるのだろう？

「私とは何者であるか」という問いに答えられる自分であるということが、

これからの時代を生き抜く上でどれだけ大切なことか、イメージできただろうか？

絶対に揺るがないあるがままの自分自身。それが、長年私が伝え続けている「Naked Core（真我)」、裸のままの自分である。

心も身体もすべて含めた、あるがまま、存在そのものの自分である。

私たちMS Mother Shipのプログラムは、「Naked Core（真我)」を掴むところから始まる。揺るぎない自分のコアを掴んで初めて人生という舞台が意味を持つのだと、私はそんなふうに感じている。

美妃先生は、コアをこんなふうに表現している。

『私の人生の指標となっているのは、死という一点。緩和ケア病棟で出会った患者さんたちは師となり無言で教えてくれた。

「本質だけを見なさい」と。

削ぎ落として、削ぎ落として、排便・排尿という自立すらも削ぎ落として、覆い隠すものが何もなくなった姿で対峙《たいじ》する時、共鳴するものは「本質」だけだった。本質とは「中心」。

目で見るものでもなく、耳で聞くものでもなく、ましてや人間のストーリーが貼り付いた虚構でもない。どんな条件・状況が変わろうとも変わることのない普遍的なもの。それが中心。』

その中心について、さらにこんなふうにも語っている。

『二十世紀の天才と呼ばれたアルバート・アインシュタインが言っているように「いかなる問題も、それをつくりだした同じ意識によって解決することはできない」。「いかなる問題」、その中に治癒という現象も含まれている。

物質だけを懸命に追いかけてきた三百年、高さを求めた時代だった。そろそろベクトルを深さに向ける時なのだろう。

深さにいくためには、高さでも深さでもないゼロをまず理解しなければならない。なぜなら、ゼロを知らない深さの開発は高さとの融合が起こらず、人類を再び主観の世界へ運んで行ってしまうから。』

中心＝コア＝ゼロの地点。すべての「融合」。

これからの時代の強いキーワードになっていくことだろう。

THE NAKED CORE　人生の縦糸　目次

第2章

Relationship

良い人間関係を創る

第3章
Entrepreneurship
クリエイティブインテリジェンスの実行

第4章 Leadership 人々と社会に貢献する

第5章 Partnership 悠久の繁栄を創る

第1章

Flagship
揺るがぬNaked Core

宇宙の原理原則

宇宙の原理原則。それは、一時期流行ったスピリチュアル、精神世界的な話ではない。むしろ「最先端の物理学」の世界に近いかもしれない。

宇宙が何でできているか、考えたことはあるだろうか？　宇宙の果てについて、思いを巡らしたことは？

宇宙について考えることは、実は、自分の存在について考えることと同じなのだ。

様々な説があるが、約一三八億年前、宇宙は原子より小さな点から生まれたと言われている。物質のすべてが生まれたビックバンだ。

何もない「ゼロ」の世界から、存在が「在る」世界へ。

何もないところから私たちの命も生まれる。

存在が「ない」ところから「在る」ところへ。

この原理原則を知ってもらう前に、少し私自身の話をしよう。

政府高官であった父と良家の出である母の「愛」という奇跡で私に命がもたらされたのは、一九四五年一月一日、終戦の年の元日、満州だった。

父はその年の九月、終戦協定を破って攻め入って来たロシア兵によって惨殺《ざんさつ》された。殺されたのが自分の夫であることを確認するため、変わり果てた姿を見なければならなかった母は、乳飲み子を抱え、一体どんな思いだったのだろう。

それから私たちは日本に帰るまで、約三年の月日を要した。

ところで、藤原ていさんの『流れる星は生きている』（中公文庫）という本を読んだことがあるだろうか？　敗戦下、筆舌に尽くしがたい満州からの脱出劇、苦難と愛情の記録を書いたものだ。

当時の私は生まれたばかりの赤ん坊で、当然、はっきりとした記憶はない。私の中の記憶は、大きくなってから母から聞いた話で作られたものであり、藤原ていさんの体験談は自分たちの体験とオーバーラップし、私の中に刻み込まれている。

私は食べるものも満足に与えられず、不衛生な状況で、生と死の狭間をギリギリのところで生かされてきたため、三歳になるまで歩くこともしゃべることもできなかった。栄養失調のせいで身体中に吹き出物があり、それが膿《う》んで破れてかさぶたになっていたというから、ひどく醜い子どもだったと思う。

日本に帰国し、佐世保港で入国手続きをする際、医者は母に「この子は脳に重い障害が残り、一生歩くこともしゃべることも満足にできないだろう」と言ったそうだ。

敗戦後の満州という過酷な状況下では、当然だが、赤ちゃんや女性といった弱い者から死んでいったと言う。

これは藤原ていさんの小説の中にも書いてあることだが、亡くなった人と生き残った人の違いはたった一つ。それは、母、または保護者の愛があったかどうか、だそうだ。

満足に歩けず、しゃべれず、吹き出物だらけの私を、母はいつも懐に抱き入れて守ってくれた。

母の胸に抱かれた温もりを、私のすべてが覚えている。目に見えない、けれど確実に存在するもの、愛という力を、私は母から教えてもらったのだ。

そして今、私の魂に刻まれた母の愛の力は脈々と流れ続け、私を通じて子どもや孫たちへと受け継がれているのである。

ここに、母が見せてくれた宇宙の法則がある。

思いの法則だ。

境界線のない宇宙空間に放たれた思いは、エネルギーとして周囲を振動させ、その「思い」に共鳴を促す。

思いが大きければ大きいほど、エネルギーは比例して大きくなる。自らが発したエネルギーが、共鳴し、そのままの大きさで返ってくるのが宇宙だからだ。振り子の法則そのままである。

大きな思いは、すべての原動力となり、原動力は態度となり、態度は行動を生み、行動が現実を創っていく。

思いがすべての始まりであり、同時に、その人の人となりを表すのだ。

母は私を連れて絶対に日本に帰ると決めた。生きて帰ると。その思いだけで、三年間という長い年月を、飢えと寒さと暑さと、あらゆる不条理に耐えたのだろう。

実家に辿り着いた時、母は実母が娘と分からないくらいにガリガリに痩せ衰え、骸骨さながらだったそうだ。

そうやって私の命は守られてきた。

私の Naked Core（真我）に染み付いているのは、母の愛と、この強く大きな「思いの法則」である。思いの法則とはすなわち宇宙の法則であり、宇宙の法則とは『振動するたった一つの物質でできている宇宙が、思いによって発せられた振動に共鳴し、形を成していくこと』なのである。

宇宙の果て、無限、マクロの世界から、人体の中の細胞の中の原子の中の核に至る最小、ミクロの世界まで、そのすべてを構成している物質はすべて「同じ」である。

どこまでも、どこまでも広がる無限の宇宙が、私たちの身体を構成している極小物質と全く同じだということは、スピリチュアル的な言い方をすれば、まさに「ワンネス」であり、量子力学的に表現するなら「宇宙は振動するたった一つの物質、分離のない一枚の膜のようなものでできている」ということなのだ。これを膜理論と言う。

宇宙と地球と、そして自分と他者、そのすべてに境界線はないのだということが理解できると、争うことに意味がないことが分かるだろう。

そして、あらゆる哲学書や自己啓発本に書かれている「他者にすることは自分にすることと同じである」「自分が出したものしか返ってこない」といった言葉の意味も、よく理解できることと思う。

「類は友を呼ぶ」「引き寄せの法則」などと言われるものも同じことで、科学的に説明がつくことなのだ。


「振動するたった一つの物質」である宇宙は、まさにエネルギーそのものだということ。エネルギーとは、その振動を伝え共振共鳴し、響き合うものなのだ。


これは「音楽」で考えると分かりやすいと思う。

「膜理論」の手前に「紐《ひも》理論」というものがあるのだが、それは「振動するすべての物質の最小単位は紐のようなものだ」という考え方だ。その紐は、一本の線であったり、輪のようにくっついていたりすることが確認されている。

弦楽器を想像してみてほしい。ピンと強く張られた弦を弾くと高い音が出る。緩く張られた弦は低い音が出る。

私たちはよく、振動数が高い、低いという表現方法を使うが、ピンと張られて打てば響くような状態と、そうでない状態を指したもので、うまく言い当てていると思う。

こうした宇宙の原理原則を理解することは、私たちが自分の人生を再創造していくために非常に大きな力となる。

ところがここに落とし穴がある。

多くの人が「学ぶこと」そのものに捕まり、実際の人生創造を難しいものにしてしまうのだ。

頭で考えてばかりいる「知識依存症候群」のようだ。だからこそ、私が最も大切にしているのは実行力なのである。

なりたい自分になる
石上正之氏の場合

宇宙の原理原則が理解できて、初めて自己革新を起こすことができる。欲望の開放から始まる自己革新である。

私は、自分が自分に与えられる最高のギフトは「自由」だと思っている。

人は皆、知らず知らずのうちに、自分にたくさんの制限を課してしまう。それは一般常識と言われるものであったり、その地域の悪しき習慣であったり、建前という名のルールであったり、いろいろだ。

例えば「男なんだから」「女なんだから」「大人のくせに」「子どものくせに」という枕詞は、それを端的に表す言葉と言えるだろう。

この枕詞に続く「～すべきだ」「～すべきでない」といった認識は、制限以外の何ものでもない。

そうした、自分に蓋《ふた》をして押さえ込むような「誰かが作ったルール」から自分を開放し、自らの内にある自然な欲望を解き放ち「自分のルール」を再創造するために、私たちは自己革新を続ける必要がある。

もちろん「自分以外のものを故意に傷つけない」というのは大前提だ。私はそれを「神様のルール」と呼んでいる。

神様のルールは宇宙の法則そのものだ。自分以外のものを、肉体的にせよ精神的にせよ故意に傷つけるとしたら、それは自分自身を傷つけているのと同じだからだ。

神様のルールの中で、自由に欲望を開放し自己革新を続けることは、「なりたい自分」になるために非常に大切なステップなのだ。

私の生徒の中に、これまでのリーダーシッププログラムすべてを受講している特別な生徒がいる。生徒と言っても、立派に自立した大人であり、今では私のパートナーとして活躍してくれている日本リーダーシップ協会代表理事の石上正之氏だ。

彼は慶応大学工学部卒のエリートで、海外での仕事経験もある。絵に描いたような真面目な男、という第一印象であった。

穏やかな母親に大切に育てられた彼は、幼少期から真面目で学級委員を任されるような優等生だったそうだ。

正直であること、誠実であること、優しくあることを信条としている彼の資質は、穏やかな家庭環境に由来するのだろう。

様々な経験を積んだ彼が、定年後、同じ職場に残るよりも何か違うことをやりたいと思うようになり、日本コンサルタント協会の門を叩いたのが二〇一二年のことである。そして彼は日本コンサルタント協会第七期生として学ぶこととなり、私たちは出会ったのだ。

当時のことを彼はこんなふうに語ってくれた。
「マーク先生の第一印象は『ずいぶんとオープンな人だな』でした。まるで太陽のようで『こんなに自由な人がいるんだ！』と衝撃を受けました。
『自分にないものをこの人は持っている！　ここなら自分にないものが学べる！』と、興奮したことを覚えています。

私が大変お世話になった、大好きな大学教授の恩師がいるのですが、その方は教授なのにピンクのシャツを好んで着ていたんです。

初めてお会いした日、マーク先生もピンクのシャツを着ていました。私はその時、なんだか妙に嬉しかったのです。

その大好きな教授がいつも「学校だったら誰に聞いちゃダメってこと、ないでしょ？誰にでも聞けるんだけど、大事なのは『誰に聞いたらいいか？』を知っていることなんだよ。それが応用力。『誰に聞けば分かるか』を知っていることが大事なんだ」と仰っていたんです。だから、マーク先生なら「自分にないもの」が何なのかを教えてもらえる、ここなら見つけられると、そう思ったのです。

マーク先生のプログラムを受けた時、その講座の中で本を書くことになったのですが、私はいつもの癖で、頭で考え過ぎてしまい「何を書いたらいいか？」ということばかり気にしていました。だからちっとも筆が進みませんでした。

でもマーク先生が「その時、その時に必要なことが出てくるんだよ。だから、何を書いたらいいか分からないじゃなくて、どうせ必要なことが出てくるから大丈夫と思えばいいよ」と仰ったのです。私は初めてこういう考え方を知りました。

それで私は「この本を三ヶ月で書こう！　書き上がったら高崎で講演会をやろう！」と決めたのです。

本に関しては、ＦＶＡプログラム（Future Vision Achievement）で習ったことをまとめ、内容の半分は仕事に関わること、残りの半分はこれからの未来について書きました。そしてマーク先生にもご協力いただき、無事に講演会を開催することができました。

プログラムを受けて改めて分かったのは、自分は「自分と違う」ことに関してとても関心が高いのだな、ということです。

いつも何かを学びたい、知りたいと思っているところがあり、これまでにもいろいろなプログラムを受講してきました。

たくさんの先生方とお会いしましたが、たいてい「この人（先生）は自分より上だ」と感じさせられるのです。でも、マーク先生はそういうことはなく、とても親近感があり、同じ目線で人として出会ってくださいました。

そして何より大きな学びは、何をするにも笑顔が大事だというのが分かったことでした。「スマイリー」という私のニックネームの名付け親になってくれたのは、マーク先生です。

自分はまだまだクレイジーにはなりきれていないと思います。「なんでもかんでも自由にやっていいんだ！（神様のルール以外）やっちゃいけないことはないんだ！」ということに対して、縛りがあります。家のことや妻のことを考えると「ここまでやっていいのかな？」と思ってしまうのです。

先生は「そうしたものも取っ払って、もっとクレイジーになれ！」とよく仰っていましたが、私としては、先生に出会う前の自分と比べると、今は本当に心が開放されていて、自由であることを楽しんでいると感じています。

そして何より嬉しく思うのは、以前の自分だったら『もっと開放されるべきなのにできていないのではないか』と自己否定的に考えていたであろうことも、『無理してやることじゃない、自分は自分でありたいのだ、あるがままでいいのだ』と思えるようになったことです。

正解があることではない、それぞれの物差しで感じるままでいいということを知り、心から開放されることの素晴らしさ、自由度が増すことの嬉しさを、私は今、感じています」

彼の素直な言葉が、私を素直に喜ばせる。彼は見事に「自己革新」を遂げていった。

「自己革新の法則」とはすなわち、自らの内にある人間本来の欲望を素直に開放し、あるがままの正直な自分を完全に受容することで、自分だけのルールに則って、理想とする「なりたい自分」を創造していくことなのである。

人はみんな、「なりたい自分」になりたいのだ。

思いの法則
Naked Coreと人生の決定的瞬間

強く大きい思いを抱き、自分を制限するものから自由に開放されたら、次のステップは自分のコアを知ること。Naked Core（真我）あるがままの自分に出会うことである。

Naked Core（真我）とは、自分の人生に起こった決定的瞬間を辿ることで見えてくる、唯一無二の核だ。ゼロから生まれ無限大に広がっていく人間の、素晴らしい命の奇跡を紡ぐ、その人だけの完全オリジナルなエネルギー。

これを掴むこと、それこそが、自分の命の意味を知ることと言えよう。

では、私のNaked Core（真我）に大きな影響を与えた、人生の決定的瞬間とは何なのか？　を知ってもらうために、引き続き、私の生い立ちについて語りたいと思う。

「一生、満足に歩くこともしゃべることもできないだろう」と言う医者の悲観的予言とは裏腹に、私は元気で伸びやかに育った。と言っても、決して豊かで恵まれた環境だったわけではない。父親がいなかったため、母の親戚の家に居候させてもらっていたのだ。だからいつも肩身の狭い思いをしていた。

小さい頃の食卓で、忘れられない記憶がある。

それは、親戚一同が長いテーブルを囲み、たくさんの料理が並ぶ中、空腹に耐えかねて箸を伸ばした私の手を、母がピシリと叩いたことだ。

その家の主人が食べ物に手をつけるまで、他の者は食べ始めることはできなかった。居候の私たちは、言わずもがなだ。みんなが食べ終わる頃にようやく、食べ始めることができた。

しかし、たとえ残り物であっても、安全な場所で食べることができるという有難さを、母は感じていたのではないかと思う。なぜなら、私以上に肩身の狭い思いをしていたはずなのに、私が思い出す母は、いつも陽気で前向きだったからだ。

惨殺された父を確認した時のこと。満州からの引き揚げ船でのこと。決して楽しい記憶ではないはずなのに、母はいつも、普通の日常の話をするようにそれらの思い出を語ってくれた。時には笑いながら。

母はいつも笑顔だった。私は、母の涙を生涯で三回しか見たことがない。が、それはまだ先の話だ。私はそういう母に、女性の強さとしなやかさを見る。

自分以上に大切な、絶対に守るべき「子ども」という存在がある時、女性はか弱い存在などではなくなるのだ。そういう母に見守られながら育ったので、私の心はいつも自由だった。

居候だから、学校以外の時間は家業である農業、畜産業の手伝いをしていた。登校前、家畜の糞を運ぶための臭く古ぼけたリヤカーを引いている時、同級生の女の子たちとすれ違ったりするのは、いくら自由な心の持ち主の私でも、ひどく切ないものだった。

そんな生活をしていたから、同級生の男の子たちによくからかわれ、いじめられることもあった。ところが、どういうわけか同級生の女の子たちは、いつも私のことをかばってくれた。そして、あろうことか、私が高校進学を断念しているという噂を聞きつけ、私が高校に行かないなら自分たちも行かない！　と、そんなことまで言い出したのだ。

そんなこともあり、私は無事に工業高校に進むことができたのである。

十六歳の時、人生を大きく変える一つの出会いがあった。

まさに決定的瞬間だ。それは人ではなく映画との出会いだった。

生まれて初めて観た洋画は「五つの銅貨」（Five Pennies）といった。実在するコルネット奏者レッド・ニコルズの半生を描いた伝記ドラマで、こんな世界がこの世にあるのか！　という衝撃的な思いが私を襲った。

身分や性別、生まれた順番など、外的な環境によって人生の可能性が限定されるのではなく、その人個人の思いや努力で、人生をいくらでも変えていける国、アメリカ。なんでも挑戦することができて、挫折しても立ち直れるチャンスを与えてくれるアメリカ。

この映画は、私の諦めに満ちた狭い世界を、夢と希望で塗り替えてくれたのだ。

あの日から、私はアメリカに行くことを心に決めた。自分で自分の未来に杭を打ったのだ。「思いの法則」である。

思いは行動を変える。

私はそれ以来、学校の勉強はほどほどにして、ラジオから聞こえてくる英語にかじりつき勉強を始めた。家畜の世話をしながら、牛や豚に向かって、大きな声で英語の歌を歌った。

そんな私を親戚の大人たちは「敵国の言葉を好んで口にしている非国民だ」と非難したが、私の心は限りなく開放され喜びに満ちていた。「アメリカに行く」と決めている自分にとって、英語を学ぶことは至極当然だったからだ。

とある日、英語の担任の先生が私に、米空軍立川基地に勤めていたアメリカ人家族を紹介してくれた。アメリカに行きたいという夢を持ち必死で勉強している私を見て、夢と希望を与えてあげたいと思ったそうだ。

この家族との出会いが、アメリカを「遠い夢」から「叶えられる未来」に引き寄せたのである。

これこそが「思いの法則」。強い思いを抱き続ければ、それを達成するために必要な情報、出会いや体験が、自分の生活に流れ込んでくるようになるということだ。

自分の宇宙を再創造する
クリスティーンさんとの出会い

アメリカの母となってくれたクリスティーンさんは、学生服にスニーカーを履いた坊主頭の田舎の高校生に、マークという名前を授けてくれた。そして誰に対しても「私の息子だ」と言って紹介してくれた。

ちなみに、マークというのは最初にクリスティーンさんがプレゼントしてくれた本『トム・ソーヤの冒険』の著者、Mark Twain から来ている。

クリスティーン・バイオレット・リードさんとそのご家族は、その後、ワシントンハイツに移った。今の代々木公園の辺りである。

私は学校の長期休みはもちろん、時々学校をサボってでもクリスティーンさんに会いに行った。

ルイジアナ州モンロー出身の南部なまりの英語で、クリスティーンさんが誇らしげに語るアメリカのストーリーは、若い私を魅了して離さなかった。

夜が明けるまでアメリカについて語り合った時間は、私にとって、夢と希望そのままの体験だったのだ。

あの頃、こんなことがあった。

高校三年生の夏、リードさんの家にお世話になり、一緒に生活したりアルバイトをしたりして、ずっと英語漬けの生活をしていたあと、学校が始まるので群馬県高崎に戻る時のことだ。

スマートフォンなどなかった当時、電車内は、今よりもっと人の話し声が聞こえていた。特に若い女性たちは楽しげに、話に花を咲かせていたものだ。

私は、原宿の駅から山手線の電車に乗った。そして驚いた。賑やかな女性たちの会話が外国語のように聞こえたからだ。それはまるで、一日の活動を終えて木に集まってきた小鳥たちが、ピーチクパーチクおしゃべりしているのを聞いているような、そんな感覚だった。リード家での生活やクリスティーンさんとの会話が、私の潜在意識に染み渡り、Naked Core（真我）まで英語が届いていたのだろう。

こんなふうに英語漬けの日々を送っていたので、高校三年の半ばを過ぎる頃、英語の実力は担任の先生を抜いていた。そのため先生から、自分の代わりに教壇に立って英語の授業をするように、と言われるほどだった。

月日が流れ、リード家の人々はドイツに赴任していくことになった。別れの日、クリスティーンさんは私の実母をワシントンハイツに招き、母の手を握りしめながらこう言った。

「あなたの息子であり、私の息子でもあるMarkを、アメリカに連れて行くことができなくなってしまいました。でも、Markには奨学生となり、アメリカの大学で学んでほしいのです。私は、Markがアメリカでいろいろな国の学生と出会い、共に学び、そして将来は日本を始めアジア・太平洋地域のために働いてくれると信じています。だからどうか、あなたもMarkを信じてあげてください。彼に夢と希望と勇気を与えてください」

南部なまりの英語で、母の目を見つめながら話すクリスティーンさんに、母はただひたすら「Thank you. Thank you. Thank you!」と言い続けた。

ABCしか分からない母だったが、クリスティーンさんの手を固く握り返しながら、そう繰り返す様子は、心から感謝していることが十分に伝わるものだった。

言葉の壁を乗り越え、魂の融合を見せてくれた二人の母のこのシーンは、私のNaked Core（真我）に深く影響を与え続ける、人生の決定的瞬間となったのである。

そして高校卒業を間近に控える頃、友人たちは次々と就職が決まっていった。が、私は一人、アメリカに行くために就職斡旋を断り続けていた。校長からも呼び出され注意を受けた。母も正座して私に就職するようにと懇願した。

私はこの時初めて、母の涙を見た。

満州の地から必死に守り抜いてきた大切な息子が、脳障害で後遺症が残ると言われた息子が、なんとか無事に育ち、これからようやく社会に出るという矢先、「アメリカに行く」と言って親や学校に反抗している……あの時の母の胸中を思うと、今でも切なくなる。

その後、親からも学校からも呆れられ見放された私は、一人で必死に就職先を探すことになった。

なんと自分は親不孝な子どもだろう、そしてそれでも尚、アメリカに行くと決心している自分は、なんと身勝手で冷たい人間なのだろうと、当時の自分はそんなふうに思っていた。

しかし結果的に、この時の決心がのちの私の人生を創っていることを思えば、自分の心からの欲求に素直に従うことは、何よりも重要なことなのだと改めて思う。


そんなある日、クリスティーンさんがいつも読んでいた新聞の求人広告を思い出し、面接を受けに行ったところ、縁あって横浜にある日本政府管轄米海軍居住施設工務課へ就職することになったのだ。

その時対応してくれたニシムラ課長の出身大学がパデュー大学で、のちに、私の母校となるのである。


このようにして思い返していくと、なんと宇宙は完璧なのだろうと、改めて思う。

宇宙の原理原則を理解し、宇宙の法則とは思いの法則であることを腑に落とし、宇宙と同じ振動する物質である自分自身のエネルギーを高め、なりたい自分、創りたい未来を思い描き、それを言葉にして未来に杭を打つ。
そうすると、その未来予想図を現実のものとするために宇宙が動き始めるのだ。

エネルギーは共振し、その思いに共感する人を連れてくる。そしてまた状況が変わる。未来に向かうために必要な努力を怠らず、歩みを止めず、行動しつ続けることで、人の心も動かされ、たくさんの奇跡のような出会いやチャンスが生まれるのだ。
つまり、自分が生まれてきた目的、この人生で達成していくビジョン、それらの基軸がNaked Core（真我）そのものなのだ。

人類の歴史の中で、偉大な成功を収めてきた人々は皆、自分の顕在意識から潜在意識、無意識まですべてを総動員して、自分の宇宙を再創造している。
Naked Core（真我）を掴む過程で自分の決定的瞬間を再認識することは、これらすべての意識を自由自在に使うための第一歩だ。

大志の法則
金秀姫《キムスヒ》さんとの出会い

私が この Naked Core（真我）を基軸としたプログラムを構築するに至った大きなきっかけがある。

ストーリーはハワイの小さな床屋から始まる。

私が通っていたこの床屋には、とても陽気なおばさんがいて、よく韓国の歌のCDをかけていた。

私が調子よくおばさんに合わせて「この歌いいねえ」などと言うものだから、彼女は喜んで、韓国の歌手のCDを次々と私にプレゼントしてくれた。

それで仕方なく私は韓国語の歌を聞くことになったのである。その中に金秀姫という歌手がいた。

最初、彼女の歌を聞いた時は、ちょっと好みと違うかなと思った。ところが、何かの折に彼女の生い立ちについての記事が目に留まり読んでみたところ、様々な共通点があることが分かったのだ。彼女も幼くして父親を亡くしていたし、韓国内における理不尽な身分制度に傷ついた体験をしていた。

書き始めたら一冊の本ができるほどに、波乱万丈の人生を送っているような人で、私は彼女の尋常ではない強さにどんどん惹かれていった。

人は、人のストーリーに心を動かされるものだ。

歌が上手いとか下手とか、見た目がどうとかではなく、彼女という人間の生き方に惹かれたのだ。そして、惹かれるほどに「会いたい！」という思いが強くなっていった。

知れば知るほど、『昔から知っているような人』という気がしてならなかった。

ミーハーな想いではなく、母や妻の紀美に対する気持ちと同じ、自分のNaked Core（真我）を揺さぶるような懐かしい感覚であった。

私は毎日毎日、彼女の歌を聴き、写真や動画を観続けた。三年間、機会があるごとに、彼女に会いたい、会いたいと願い続けた。紀美が私のことを「おかしくなった」と呆れ返るほどに、彼女に陶酔しきっていた。

そんなある日、韓国の友人が日本に来ている時、「金秀姫さんに会いたい」と口にしたところから奇跡の連鎖が始まった。

「彼女に会えるかもしれない」「やはり難しそうだ」

そんな一語一句に、ドキドキハラハラ、一喜一憂する日々だった。でも、もしかしたら会えるかもしれないという僅かな希望を胸に、私はソウル行きを決行したのだ。

考えてみてほしい。会えるかどうか分からない人に会いたい一心で、飛行機に乗って韓国に飛んだのだ。理性的な大人のやることではないと、普通なら思うだろう。

今にして思えば、自分ながらよく行動したと笑ってしまう。が、私のコアは分かっていたのだ。

重いスーツケースを引きずりながら地下鉄を乗り継ぎ、彼女のディナーショーが行なわれているホテルに到着してみると、なんと驚いたことに彼女のマネージャーが待ち受けていて、私をディナーショーの会場の席に案内してくれたのだ。

会いたい、会いたいと願い続けた人が目の前にいる！

あの時の私の興奮と喜びを分かってもらえるだろうか？

何回も何回も観てきたYouTubeの中の世界が、目の前で繰り広げられているのだ！

本当の驚きは最後の最後にやってきた。

あろうことか、最後の曲に入る前に、金秀姫さんは私を観客に紹介してくれたのである。

しかも、以前からの知人のようなそぶりで、である。

そしてとうとう、私の奇跡が完全なものとなった。

ディナーショーのあと、金秀姫さんと二人だけで一時間弱、話をすることができたのだ！　しかも表面的な社交辞令の会話ではなく、私が願い続けた、彼女のコアに触れることができる素晴らしい時間だったのである。それはまるで、初対面とは思えない、昔から知っている人との会話のようだった。

そして私が母と妻、紀美の写真を見せた時、彼女は叫ぶようにこう言ったのである。

「私はあなたの奥さんの妹になりたい！」と。

二〇一〇年十二月のことであった。


この出来事は私に大切なことを再認識させてくれた。それは、強い思いに導かれ、自分のコアに共鳴したことは、周りを動かし、願ったことを具現化させていくということだ。


「周りを動かし」という部分について、ぜひ紹介したいエピソードがある。

この出会いをきっかけに、金秀姫さんとは家族のような付き合いが始まったのだが、実は私は、彼女と一緒に韓国国営放送ＫＢＳの番組に出演したことがある。その時の番組タイトルが「自分よりも自分の事を知っている人が現れた」というものだったのだ(https://youtu.be/Ddo5AJOSZNU　YouTube でこの時の動画を観ることができます)。

「自分よりも自分の事を知っている」という表現は、私たちが表面的、儀礼的な付き合いではなく、魂深く繋がり合うことができていたからこそ生まれた言葉だと思う。

なぜ彼女に惹かれ、彼女も私を認めてくれて、私たちは心通わす仲になれたのか？

それは、彼女の生い立ちが私のNaked Core（真我）に直接響き、彼女をまるで妹のように感じたからだ。

コアが共振する時、そこに理屈はいらない、ということを証明してくれる出来事だったと感じている。

今は互いにそれぞれのフィールドで人生の課題に取り組んでいるが、私たちのコアはいつでも共振し続けていると感じている。


そしてこの番組に一緒に出演したことで、彼女のエモーショナルインテリジェンスがとてつもなく高いということを肌で実感した私は、その刺激を受け、Naked Core（真我）を基軸とした自己成長プログラムを開発したのである。

Naked Core（真我）に触れることの素晴らしさと、そこから生まれるエネルギーの強さがもたらす具現化の奇跡。

まさにコアの連鎖が生み出すコアビジネスの確立であった。

すべての意識を総動員し、確固たるコアからなりたい自分に向かって行動を起こした時、自分に値する人生の実現が達成されるのだ。


その時に忘れてならないのが大志である。大志とは、ズバリ大きなエンジンだ。

なりたい自分の姿で人生のビジョンを達成するためには、Naked Core（真我）から導かれる強いエネルギーが必要不可欠で、強いエネルギーとはすなわち自分を遠くまで運んでくれる大きなエンジン＝大志なのだ。

それは、目的に向かって止まることを知らない、それに関わる自分が幸せでたまらないと感じるようなものであり、かつ、自分にとってだけではなく社会にとって、世界にとって、宇宙にとって役に立つことができるような大きな強い思いだ。

私にとっての大志とは、ズバリ、世界平和である。

世界平和を具現化していくために、Naked Core（真我）で繋がれる人々と、喜びと楽しさに満ちた時間を共有することが何より大切だと信じている。喜びと楽しさで人生の時間を共有できたなら、そこに争いは不要だからだ。

Naked Core（真我）で繋がれる人々との時間を最大限に楽しむことこそ、人生の価値だと思っているので、金秀姫さんに会いに行き、魂の震撼を共有できたことは最高にハッピーなことだった。

そこからコアビジネスも生まれ、エモーショナルインテリジェンスという言葉も生まれたのだから。

完全オリジナルな自分だけのコアをフル活用し、そこから生まれる純粋なエネルギーで達成したいビジョンのために行動を起こし、あなた自身を最大限に活かす時、宇宙は、その完全なる法則のままに、あなたの大志を完璧な形で具現化していくだろう。

これがNakedCore（真我）を確立し、自分で自分の宇宙を立ち上げていくということなのである。

第2章

Relationship
良い人間関係を創る

脳の癖を知る

セルフリーダーシップをしっかり確立することができて初めて、本当の意味で他者との関係性を築くことができるのではないだろうか。

実のところ私は、他者との関係性が人生そのものである、と言っても過言ではないと思っている。

だからこそ、この順番を間違えてはならない。

なぜなら、自分自身のコアが分からない者同士がいくら関係性を深めようとしても、そこに真の繋がりは生まれないからである。いや、生まれるかもしれないが、相当に時間と労力を要することは想像に難くない。

ビジネスライクに割り切られた表面的、一時的な関係性なら掃いて捨てるほど世の中に溢れている。だからこそ、どこの基準に合わせてコミュニケーションを取るか、そもそもコミュニケーションとはどこまで必要なのか、そうしたことを学ぶことは非常に重要だ。

多くの人がそうであるように、私も、高校を卒業してから「社会的関係性」というものに触れることが多くなった。

親や学校に守られている学生という環境と、自力でお金を稼ぎ生活をする社会人とでは、触れ合う人の数も密度もまるで違う。当然のことだ。

さて、人や社会との関係性を学ぶ時、最初にしっかりと腑に落としておかなければいけないことがある。それが「脳の癖」だ。私たちは、生まれた瞬間から、「脳」という限定された機能を通じてこの世界を認識する。つまり「脳」の機能以上に世界（宇宙）を把握することは不可能なのだ。

例えば視力について考えてみる。

第1章で、「宇宙は振動するたった一つの物質、分離のない一枚の膜のようなものでできている。宇宙と地球と、そして自分と他者、そのすべてに境界線はない」という話をした。が、実際問題、私たちはお互いに「一つである」という認識を持ちにくい。なぜだろう？

それは「目に見えないから」だ。

私たちの目は、可視光線と言われる光しか認識しない。「振動するたった一つ」の物質を、私たちの目は見ることができないのである。それが私たちの脳の機能だからだ。

目に見えないものは信じない、存在しないと言う人もいる。

では、紫外線や赤外線は存在しないのか？

目に見えなくても紫外線で日焼けをするし、赤外線で身体を温めることもできる。もしも、私たちの目、つまり私たちの脳が、「振動するたった一つの物質」を認識できる機能を持っているとしたら、この世界はどんなふうに映るだろうか？

これはすべての人にとって共通の法則である。脳は、部分だけを切り取って理解する。違いだけを認識する。自分の記憶の中にある過去と繋げて理解する。そしてそれらを分かりやすくするため有限化する。

パラパラ漫画をご存知だろうか？　少しずつ変化するイラストが描かれた紙をスピーディにめくると、脳はそれらを連続した動きとして捉える。もしもそのイラストの合間、合間に、何も描かれていない白紙を挟んでも、脳はそれを認識しない。

脳というのはそういうものなのだ。

そして「みんな脳が違うのだから人はそれぞれに違って当たり前だ」という言葉に反論する人はいないだろう。

そう。違うことは当たり前、と人々は認識している。にも関わらず、どうして人は争うのだろう？

肌の色が、宗教が、国が、言語が、支持する政党が、性別が、育った年代が、趣味が、などなど。世界中の争いの根本原因は、互いの違いを受け入れるのではなく、相手を批判して自分を正当化することにある。

これは、もう一つの脳の大きな癖で、「潜在意識では自分が絶対に正しいと思っている」からである。絶対に自分が正しい、だからこそ自分（たち）を正当化することは当たり前のことなのだ。

脳にはこうした癖があり、これはすべての人間に共通で、正邪ではなく、どうしようもないただの性質なのだ、ということを知ることは非常に大切だ。このことを知っているだけで、世の中の争いの多くに意味がないことが分かるだろう。


人や社会と健やかで建設的な関係性を築くためには、まず、人間の脳は不完全でこういう癖があるのだ、ということを掴んでおこう。それが理解できたら、真っ白なキャンバスの上に相手を見るというイメージが活きる。

人間はどうしても脳の癖に支配されるので、目の前の相手に対して、最初から決めつけたイメージで接してしまうことが多いのだが、まずは、過去のわだかまりや思い込みから完全に自由になり、相手に無限の可能性を見出すところから関係性をスタートさせることがとても重要だ。

コミュニケーション力と「見た目9割」

そうやってスタートさせた関係性を本物に育てていくために、私たちは基本的なコミュニケーション・プロトコルの習慣を身につける必要がある。いわゆる「コミュニケーション力」と呼ばれるものである。

コミュニケーション力を高めるために、何より大切なのが、ピンポンコミュニケーションと呼ばれるものだ。

少し余談になるが、「ピンポンコミュニケーション」については、とても大切なことなので触れておきたい。

SNSがこれだけ普及した時代だからこそ、このピンポンコミュニケーションの重要性は認識しておく必要があるからだ。

送られてきたメッセージに対して、ゆっくり返事をすることが叶わない場合、例えば運転中や会議中、徒歩で移動中かもしれない。そういう時は、「メッセージは見ましたよ。受け取っていますよ」ということだけでも伝えることが大切なのだ。

幸い、今の時代には「いいね」というボタンがある。記事や内容に対して、本当に「いいね」と思っていなくても、ともあれ確認しました、という意味としても使うことができる、とても便利な機能だ。

同時に、自分の状況を伝えることが重要だ。どうして今、返事ができないのか？ という理由を明確にするために。決して相手をないがしろにしているわけでも、故意に無視しているわけでもない、ということを伝える必要があるからだ。シンプルに状況を伝えるだけでいい。

世の中の憶測によるわだかまりは、このワンアクションにより大方消滅してしまうことだろう。

脳の癖を超えて、真っ白なキャンパスに相手を観る習慣で、さらに、さまざまな外部的条件を超えて、心と心のコミュニケーションを確立していくことが、信頼関係の大事な要素となる。よって、基本的な関係性がスタートしたら「相手の人のすべてを観る」ということを習慣にすることが必要だ。そう、観察力である。

私たちはつい、外見にとらわれる。「見た目9割」という言葉があるくらい、目から入ってくる情報が私たちに与える影響は大きい。

確かに、人に激しく不快感を与えるような雰囲気が漂っていたら、ほとんどの場合、その第一印象のせいで関係性を築くチャンスを失うだろう。そういう意味では、お互いに心地よく受け入れ合える外見を維持することは大切かもしれない。

でも、人の価値は果たしてそれだけだろうか？　否、と多くの人は言うだろう。

私たちは心というものを大切にする生き物だ。外見だけでなく、その人の性格、そこからうかがえる人格、そしてそれらを形成している心、そして魂。

目の前の人のどの層に意識を合わせることができるか？　それは宇宙の法則をどこまで腑に落とせているか、その深さに比例すると言えるかもしれない。

なぜなら、私たちは境界線のない一つの存在なのだ。そしてみんなそれぞれにNaked Core（真我）があり、それぞれの輝きを持っている。身体を構成するすべての細胞、それぞれに核があるように。

ここまで無条件に目の前の人を受け入れられたら、そしてこの意識から関係性を築くことができたなら、私たちはいがみ合い争うより先に、互いの存在の奇跡に、そのコアの美しさに感嘆するだろう。

そう、それこそが「Naked Coreで繋がる」ということだ。

アメリカへの切符を手に入れた強い思い

互いのコアを認識し、互いに尊厳を持って繋がれる時、そこには完璧な関係性が創造される。

肌の色も、言葉も、宗教も、育った環境もなにもかも違う相手から「あなたは私たちの家族そのものだ」と思われ、魂の友となれるということなのだ。

私は、人生の中で、こうした繋がりを幾度となく経験してきた。それこそが、私の人生の価値であり、私の誇りなのだ。

こうした素晴らしい繋がりをもたらしてくれた体験について、少し話そう。

アメリカ留学を目指し、米海軍居住施設で働き出した私だったが、すぐに大変なことに気づいた。決して高額ではない給料だけでは、ほとんどが生活費に消えてしまい、貯蓄できるのはごく僅か。これでは必要な資金が貯まる前に、留学適齢期が過ぎ去ってしまうではないか！

その時にふと思い出したのが、職場の人が話していたウエイターの仕事だった。すぐ行動に移した私は運良く、オフィサークラブで雇ってもらえることになったのだ。当然、バスボーイからのスタートだったが、副収入になればなんでも良かったので、この仕事にありつけたことは本当に有難かった。

オフィサークラブでの仕事の経験は、アメリカへの渡航費を生み出しただけでなく、母へのプレゼントや自分の背広、そして何より、ビジネスマン・経営者・コンサルタントというキャリアにとって、かけがえのない体験をもたらしてくれたのだった。

ちなみに、ここで養われたのが、先述のピンポンコミュニケーション力であり、関係性の作り方であり、人のすべてを観るという観察力、そしてまず相手に奉仕する、サーバントの意識なのだ。

昼夜、それぞれの仕事も順調で、一年もすれば渡航資金が貯められると分かった頃、私は奨学生留学について調べ始めた。

そしてＡＦＳ（American Field Service）という高校生向けの留学制度に申し込んだ。工業高校での成績も悪くはなかったし、何より英語は得意中の得意、英語の先生の推薦状も取り付けた私は簡単に合格すると思っていた。

ところが、選考結果は「不合格」。工業高校出身では英語の単位が足りないという理由で。

想いを伝える機会もなく書類選考で落とされたことに、やり場のない憤りを感じた。これが日本なのだと思い知った。その人自身を見ようともしない、肩書きだけを重視する建前の世界。吐き気がした。

が、私はそこで諦めることはなかった。

なぜなら、アメリカの母であるクリスティーンがいつも「あなたならできる。私の息子だもの」そう言って信じてくれていたからだ。

そして彼女は教えてくれた。努力して成績優秀であること、人のために行動を起こせる人間力、社会のために活動できる公共心、この三つがあれば、アメリカの高校はどこの大学にでも推薦してくれるのだと。

そこで私は閃《ひらめ》いたのだ。もう一度、アメリカの高校に入ろう、そしてそこからパデュー大学に行けるようになろうと。

大きな世界地図でアメリカのページを見ながら、私はパデュー大学があるインディアナ州のページを探した。そして、ギリギリ地図に載っているような小さな町を見つけ、その高校の校長先生宛に手紙を書くことにした。つまり、その町に高校が一つしかないような小さな町ならば、インディアナ州○○高校で手紙が届くと考えたのだ。

そして私は、手紙にありったけの想いを込めた。

「私は日本の少年です。アメリカの母、クリスティーンさんが教えてくれました。アメリカの高校では Scholarship（成績優秀）、Leadership（リーダーシップ）、Citizenship（公共心）、この三つをトップクラスで修業すれば、Honor Student（奨学生）として大学に推薦していただけると。

私にそのチャンスを恵んでください。私は Scholarship ではアメリカの学生にも劣らず、Leadership では日本を紹介するセミナーを通じて日米の親善を図ります。最後に Citizenship では、その地域の公益活動に参加します。

アメリカで学んだことを日本に持ち帰り、日米間の発展に役立つような仕事に就きたいと思います。すでに私は目的のため日夜、海軍の技術的仕事とウエイターの仕事をして渡航費を作っています」

こういう内容の手紙を書いて五通、出した。すると、一通だけ返事が来たのだ。大きな封筒の中に高校の写真と、校長先生からの手紙が添えてあった。

「私たちの高校に興味を示していただき、ありがとうございます。この町が生まれて以来、初めて日本の少年から手紙をいただきました。私の学校で国際親善のために役に立てるなら誠に光栄です。規定の審査に合格するならば、私はあなたを歓迎するように町の高校教育委員会に推薦します」

こういう返事が届いたのだ。そしてその後もやり取りが続き、最終的にベッドフォード高校は私の入学を許可し、すべての教育費を無料で提供すると言ってくれたのだ。

私は、自分の思いが実を結び始めていることを実感した。

思いの法則のままに、思いは行動となり、高い志は周囲の必要な環境や人を引き寄せ、誠実な気持ちで真摯に努力を続け、魂でコミュニケーションを取ろうとすれば道は開けるのだと、この経験を通じて学んだのだ。

もっとも、アメリカ留学のチャンスを掴めた、というだけで渡航費や生活費を全部自分でなんとかしなくてはいけない、という高いハードルがなくなったわけではなかった。働き続けるより他はなく、時間だけが過ぎていった。

が、宇宙は次なる扉を用意してくれた。なんと、ベッドフォード・ロータリークラブに国際委員会が発足し、私が第一号の International Scholarship Program（国際奨学生プログラム）対象になったのだ。

そして初代国際委員長のティトロウ氏が私のスポンサーになってくれることになった。ただし、日本ロータリークラブのインタビューに合格したら、という条件つきだった。

運命を決めた
ロータリークラブのインタビュー

忘れもしない一九六四年六月。

横浜ロータリークラブ国際委員会のインタビューを受けるため私は、横浜山下公園前の横浜グランドホテルにいた。風格のあるホテルで、あちこちに英語のサインがあり、外国を感じさせる空気に満ちていた。その雰囲気は、田舎の少年を圧倒するに十分だった。インタビューの時間になりラウンジの奥に進むと、そこには七人の国際委員会のメンバーが座っていた。

そして私は、彼らの前に立った。

しばらく無言の時間が流れ、私はひたすら直立不動で立っていた。

彼らはアメリカからの依頼書を読み、その後、私の履歴書や戸籍に目を通した。そして彼らは身体検査でもするかのように上から下まで、何度も私の全身を見回した。

そして質問が続いた。

「なぜ、工業高校を卒業しているのに、工場で働いていないのか？」

「なぜ、工業高校卒業なのに、英語ができるのか？」

「なぜ、アメリカ海軍居住施設で働いているのか？」

つまるところ、「なぜ、お前なのだ？」と聞いているのだ。

「この書類の内容では、とても日本代表の国際留学奨学生として推薦できるものではないのではないか」

「そもそも、一体なぜお前が、この審議を受けることができたのだ？」

彼らは、自分たちの価値観に沿わないことが行なわれている現状に、明らかに不服を唱えていた。

そんな中、たった一人こんなふうに言ってくれる人がいた。

「理由はともかく、アメリカのロータリー支部からの要請があって、今、この青年は私たちの前にいるんだ。ともかくこの青年の志を聞いてみようじゃないか」

私は精一杯の気持ちを込めて想いを伝えた。

「私は、日本とアメリカがこれからもっと手を組んで、文化的、経済的、政治的にも、お互いの発展はもとより世界の良き発展に寄与できるようになってほしいと思っています。私はその目的のためにアメリカに行って学び、日本のことを紹介し、多くの人と交流する機会を探してきました。勉強したあとは日米の発展に役立つ仕事を通じて、その恩返しをしたいと思っています」

私の熱い想いと言葉とは裏腹に、その場の空気は白けた。そして委員の一人が小馬鹿にしたような顔で発言した。

「偉そうなことを。なぜお前にそんなことができるのだ」

数人が「そうだ、そうだ」という顔をして頷いた。そしてそのまま沈黙が続いた。委員会は結論を出すことができず、困っているようだった。

「ふざけるな！　ふざけるな！　ふざけるな！！」

私は心の中で叫んでいた。

十六歳の春から三年間もかけてここまで来たのに、こんなところで夢が握りつぶされるのか！　と思うと、やるせない気持ちでいっぱいになった。

しかも、その判断をする人たちは、金銭的な負担も、私の渡航の世話も、一切する必要がないにも関わらず、だ。

くだらない権力主義、建前主義にまたしても吐き気がした。そして、これが日本の現状なのだと、思い知らされた気がした。

その時、奥に座っていた委員長が不意に立ち上がり、こう言った。

「日本にもこのような青年がいてもいいのではないかね。どうだろう、諸君、この青年に賭けてみては？」

賛成も反対もなかった。そして委員長はこう続けた。

「この青年を推薦することをアメリカの支部に伝える。責任は私が取る」

この言葉を聞いて、ようやく血の気が戻って来たのを思い出す。私は新井清太郎委員長に丁寧にお礼を言ってその場を後にした。

このインタビューの七週間後、私はアメリカに向かって出発することになる。

Naked Coreで繋がるということ

この経験を思い出す時、新井清太郎委員長の言葉を引き出したのは、間違いなく自分の強い声明の力だったと思う。

工業高校出身で特別裕福でもない田舎の青年がアメリカに留学するなど、あの当時では「有り得ない」ことだ。

もしも私が「有り得ない」と言われたからといって諦めたら、そこで終わっていただろう。

自分が何を望み、その先の未来にどんな杭を打っているのか、それを明確に伝えることができれば、その強い思いに人は動かされるのである。これこそまさしく、Naked Core（真我）で繋がる法則である。

当時の私は、新井清太郎委員長が実際にはどんな人で、どんなコアを持っているのかなど、知る由もない。しかし、当時の彼の年齢を超えた今、彼が何に動かされ、あのように言ってくれたのか、私は分かる気がするのだ。私の強い目的意識と思い、純粋なエネルギーを、彼のコアが感じ取ってくれたに違いないと。

このコアの連鎖がもう一つの奇跡を生み出した。

渡航費を貯め、生活支援のスポンサーも得て、ロータリークラブの推薦も取り付け、結核がないかどうかの健康診断にもパスして、あとはアメリカ大使館からの学生ビザをもらえばいつでも出国できる状態になったので、旅行代理店に渡航手続きを頼み、私の担当となった女性と一緒にアメリカ大使館を訪ねた。

大使館のビザ課で検査官から「なぜ、アメリカに行きたいのか?」と聞かれたが、すでに私は何度も自分の意思を表明してきていたので、得意になって「アメリカで勉強して日米の親善と発展に尽くします」と答えた。検査官も非常に喜んで握手をしてくれて、あとはビザが下りるのを待つだけとなった。


ところが、最後の最後に「ビザが下りない」と言う。片道だけの切符ではビザが出せない、という判断だったそうだ。片道の渡航費を貯めるだけで精一杯だったし、うちに渡航費を払う余裕はない。

私はさすがに打ちのめされ意気消沈した。人目もはばからず泣き出しそうだった。

そんな私を見ていた担当の女性が「今日のところは帰って。所長に相談してみるから」と言った。

その日はムシムシした夜で、いつまでも眠れずにいたことを覚えている。

翌日、放心状態で職場に向かったところ、旅行代理店の担当者から「早く来て、一緒に大使館まですぐ行きましょう」と連絡があったのだ。何が起きたか分からないまま、私は急いで待ち合わせ場所に向かった。

「あのね、あなたのお母さんが貯金をおろして帰りの渡航費を出してくれたおかげで、帰国のための帰りの航空チケットを買うことができた、と検査官に報告するのよ。ほら、これが帰りの飛行機のチケットよ。所長が出してくれたの。ビザが下りたら返してちょうだい。あとは私たちがうまく処理するから」

彼女の声は弾んでいて、とても嬉しそうだった。なんと、会社ぐるみで帰りのチケットを調達してくれたのだ。偽造まがいのギリギリの行為だった。

そしてとうとう大使館からビザが下りた。なぜか四年間も有効のビザだった。私は、「しっかり勉強して来い」という検査官の心意気を感じずにはいられなかった。

社会的なルールや一般論に縛られていたら、この奇跡は起きなかった。

担当者とその上司である所長さんが、そうまでして私に道を用意してくれたのは、私の「絶対にアメリカに行く」と決めて行動していた強い思いがあったからだと思っている。

彼らもまた、コアに触れ、コアで繋がってくれたのだ。だから私の夢に一緒に共鳴し、絶対に叶えようとしてくれたのだと思う。
こうした奇跡を生み出すのが、Naked Core（真我）の法則なのだ。

このように、「脳の癖」を深く理解し、その上で相対する相手を曇りない眼で捉え、しっかりとしたコミュニケーションを取りながら相手の魂まで観察し、互いのコアによって繋がり合うことで、互いにとって必要なものが生み出され、それが奇跡と呼ばれる事柄を引き寄せてくる。

コアを知り、コアで繋がることの重要性は、そこから生まれるたくさんのミラクルにより実証されているのである。

第3章

Entrepreneurship
クリエイティブインテリジェンスの実行

人生をクリエイトするために必要なこと

こうしたコアで繋がる関係性の意味を知り、人は次の段階に進むことができる。創造性である。

関係性のないところに創造は生み出されない。どんなに独自的な芸術家であっても、一人で生きているわけではないからである。

創造性とはつまり、新しいものをゼロから編み出していく力、起業家精神とも言えるだろう。

少し余談になるが、とても大切な視点なので、少しだけ私たちの存在と創造性について述べたい。

この地球という時空間の中で、命を使うことが「生きる」ことであるならば、命を活かすための活動——創造、表現、生産、消費、経済といったすべてを成長、発展させながら継続していくことがとても重要だ。

なぜなら、私たちを存在せしめている宇宙とは、振動するたった一つの物質だからだ。

命とは、自ら成長発展しようとする「動き」、振動そのものなのである。

つまり、ミクロの世界における最小単位の細胞たち（クオーク）は、「自らを周囲に適応させ続けるために存在そのものを進化成長させる」ということが、存在理由だからだ。

だから私たちは、意識的にも無意識的にも、常に成長発展しようとしている。この成長発展、それこそが、人生をクリエイトするということなのである。

さて、人生をクリエイトするために何が必要かというと、まずは自分たちを取り巻く環境、つまり私たちが存在しているフィールドについて知ることだ。

私はそれを「革新と未来の法則」と名付け、五つのカテゴリーに分けてみた。

「宗教紛争、イデオロギー紛争、民主主義の限界、資本主義の限界、ＡＩの危機」である。

今（二〇一八年七月現在）、私たちのプログラムを受講している富士さんこと梅田富士雄さんは『ＡＩの危機ではなく、ＡＩ依存の危機である』という論点について述べていた。非常に興味深い考察である。

いろいろな見方、考え方があって然るべきだが、自分はこうした状況に対してどんなふうに考え捉えているのか？　ということを、自分の言葉と感覚で掴んでおくことはとても重要だ。

様々な観点から様々な意見交換が行なわれていくことこそ、新しい創造を生み出すために必要な動力となり得るのである。

なぜなら、自分の人生のVIsion、Missionを発展させていくためには、その根底に「時代に必要とされているか？」という視点が必要だからだ。

どんなに崇高な理想を掲げたとしても、その理想から創り上げたいものが、今この時代になんら必要とされないものだったとしたら、それが大きく発展成長していくことはあり得ない。

今現在の時代の状況を正確に把握し、それらの問題点を認識して初めて、人や社会から求められる理想の具現化にエネルギーが生じるのだ。

コアビジネスを生んだ二十倍の稼ぎ

なぜ、それをするのか？

この問いがすべての始まりである。つまり「目的意識」だ。ぶれようのない自分のコアから来る思いと、「なぜ、それをするのか？」という成長発展のエネルギーの根底的な思いがシンクロした時、究極かつ完全オリジナルのコアビジネスを確立することが可能となる。

それこそが「コアマネジメント」と言えるだろう。

コアマネジメントには、美しいコアの連鎖が見える。

強いNaked Core（真我）から来る、絶対にぶれない自分そのものである思いは、決め手となる強いメソッドを生み出す。

そしてそれが、自身の哲学や生き様を表現するコアプロフェッションへと導く。コアプロフェッションを駆使した人生事業こそ、唯一無二のコアビジネスとなるのだ。

こうしたコアビジネスを完遂していくために最も大切なことは、そこに向かうための正しい方向を自分で創ることである。

そう「道筋」だ。正しい道筋を創ることができれば、その過程で必ず、共鳴してくれるパートナーや支援者との出逢いが導かれてくる。コアから来る純粋なエネルギーに、宇宙が共鳴するからだ。


そして最も重要なこと、それが次のステップ「実行」である。効率的な実行のための施策やプロセスの革新と、しっかりとした経営管理意識を持ち、道筋を実行に移すこと、そしてすべてのフィードバックを受け取れる環境を整えること、それらすべてを含めて「実行」することだ。

世の中で成功しているビジネスモデルや生き方を観察してみるといい。もれなくこのステップを踏んでいることが分かるだろう。


さて、違法スレスレのエールを受けて、私はなんとか日本を旅立った。

私の乗る船を見送りに来た母が、波止場でずっと手を振り続けていた光景を、今でも思い出す。

私が見た二回目の母の涙だった。いつまでも、いつまでも母は手を振っていた。

親を泣かせる親不孝な自分。でも、それでも私は、自分が十六歳の時から思い描いて来た「アメリカに行く」という夢を実現させたことを誇らしく思っていた。諦めなければ願いは必ず叶うということを、確信できるようになった出来事だった。

アメリカへの片道切符だけを握りしめアメリカに着いた時、ポケットには五十ドルしか残っていなかった。そして港から留学先のベッドフォードに着いた時には、わずか十五ドルあまり。しかし、不安はなかった。

子どもの頃から、どんな仕事でもなんでもできる、と思いながら育ってきたので、小遣いを稼ぐことはできると簡単に考えていたからだ。

ところが、ロータリークラブの交換留学生であり学生ビザで渡米している私が働けるような場所は、どこにもなかったのだ。学校も始まるというのに、手持ちのお金は一ドルしかなかったのである。

私は焦った。もっとも、衣食住が保証された環境で学ぶことはできるので、死活問題というわけではなかった。ただ、どんな田舎であろうとも、自分で自由になるお金がないことは、非常に肩身が狭く、楽しい気持ちになれないのが本音だろう。人間には自由に使える、遊ぶためのお金が必要なのだ。

そして私は、母がいつも口にしていた言葉を思い出しながら、チャンスを待っていた。

「何もなくても、自分を切り刻めばなんでも売れる」

母はいつもそう言っていた。

そしてチャンスがやって来た。友達の誘いで、彼の通う教会で、日本に関する講演会をすることになったのだ。そしてそのことが新聞でニュースになると、たちまち町中に広がり、次から次へと違う宗派の教会から依頼が舞い込み、あっという間に毎週末のスケジュールがいっぱいになったのだ。

最初の教会での講演が終わった時、私は謝礼として二つの封筒を渡された。一つは私、そしてもう一つは運転手役の友達に。中にはお礼の書かれた小さなカードと一緒に、私には十ドル、友達には五ドルが入っていた。

その頃の高校生のアルバイト代相場が、一時間約五十セントだったことを考えると、一時間の講演で十ドルと五ドル。なんと二十倍と十倍稼いだことになる。こんなふうにして多くの団体や高校、教会で行なった講演のおかげで、私は他の学生の二十倍の収入を得ることができるようになったのだ。

ベッドフォードという町を客観的に見られるよそ者だったからこそ、町のニーズにあった話をすることができたのだ。

友達も私と一緒にいるだけで十倍の収入を得ることができるようになったので、とても協力的になり、そして女の子にもモテるようになったのである。

このことから私が学んだのは、「自分が持っていて他人の持っていないものこそ、売りになる」ということだった。

つまり、日本という国の知識は私にしかないもので、完全オリジナルの話をすることができたからである。

まさに革新と未来の法則からの目的意識、そしてコアマネジメントそのものだ。しかも、絶対にアメリカで学びたいという強い意志が根底にあったので、アメリカに来るまでのストーリーそのものが、私の財産となっていたのだ。

まさにコアの連鎖が生まれていたのである。これが私のコアビジネス「ビジネスコンサルタント」のきっかけとなったことは明白だ。

このようにしてコアビジネスが育っていくことを、私は「三本の木の法則」と名付けている。「三本の木の法則」については後ほど詳しく述べる。

とにかく、今置かれている環境、その問題点、改善点など、周囲の状況をしっかりと把握し、それらに対応できる目的意識「WHY」をしっかりと自覚し、自分の揺るぎないコアがその「WHY」にどのように関わっていくのかを見据え、自分が歩む道筋を明確にしていくことで、それを実行できるようになっていくこと、それが、Creative Leadershipを確立するということなのだ。

元不良応援団長の躍進

もう一つ、創造性に関わるエピソードを紹介しよう。とても思い出深いワンシーンから、その物語は始まる。

四十代の頃、とある世界的な電子部品供給会社において社長をしていた時のことである。その時の私は、会社の製品を世界一品質の良いものとするためのプロジェクトリーダーとして、果敢にチャレンジを続けていた。

当時は、まさに高度成長時代。大企業による新卒者の大量採用があちらこちらで繰り広げられていた。そんな煽《あお》りを受け、工場で働くために必要な技能を有した人材の採用が、間に合わないことがあったのだ。そのため、会社としては仕方なく、と言ったら失礼だが、実際問題、学業レベルはイマイチという工業高校の野球部応援団長が採用されたことがあった。

総務部長から「こんな新卒しか集められなくて申し訳ない」と言われながらの入社式のことだ。

大卒と高卒の合同入社式において、国立大学卒の新入社員代表が挨拶をした。
「今日、社会人第一歩を迎えるにあたって、何も知らない私たちを親切にご指導くださいますこと、感謝致します。先輩方の迷惑にならないよう、日々努力を重ね精進してまいります」

それはまるで、挨拶用雛型から抜き出した文章の棒読みかと思うほど、情熱や意欲を感じられないものであった。

それにも関わらず、そんな挨拶に目を細くして喜んでいる総務部長を見てしまった私は、どうしようもない感情が湧き出すのを抑えられなかった。

それは、情熱や心といったものを見ようとせず肩書きだけを見て満足している、人を見る目がない薄っぺらい総務部長が、かつて「工業高校出身だから」というだけの理由で、私に機会を与えようとしなかった大人たちの姿と重なったことへの苛立ちであった。

私の感情の導火線に火がついてしまった。そこで私はガタンと勢いよく立ち上がると、挨拶を遮り大きな声でこう言った。

「何も知らないとは聞き捨てならぬ！　育ててくれた親や祖父母が、今のお前の言葉を聞いたらどう思う？　友達や異性から学んだこともあろうが！　私が聞きたい言葉は、そんな型通りの挨拶じゃない！　言葉になんの力もないではないか！　もし自分で考えられないのなら、こんなふうに言ってみろ！

『私たちは、親や祖父母にここまで育てていただき、多くの諸先輩方にもお世話になり、今日この日を迎えることができました。お陰様で私たちは Top Gun チームの一員となりました。明日からそれぞれの現場で、全力で力を発揮します。私たちが活躍する場を与えてくれる会社に感謝しております』だ。

さあ、胸張って言ってみろ！」


挨拶が社長の逆鱗《げきりん》に触れてしまった代表新入社員はもちろん、入社式に参列していた全員が、一瞬で凍りついた。総務部長は目を見開いたまま固まっていた。

すると少しして、その張り詰めた空気を破るかのように、一人の男が立ち上がった。

当時、不良の間で流行っていた長ランといわれる学生服に金ボタン、リーゼントで固めた髪型という出で立ちの、元応援団長であった。腹に響くような太い声で、彼はこう言った。


「社長一言、いいですか？」

「言ってみろ！」

「俺はよう、勉強なんて嫌いだから、今までほとんどしなかったよ。けどよ、仲間と一緒に頑張るってことは体験したし、こう見えて結構、女の子にもモテたしよ。だからよ、機会を与えてくれたら、やり通す自信はあります！」

私の目をしっかり見据え、自信に満ちた大きな声でそう言った元応援団長の言葉が、一瞬で私の怒りを喜びに変えた。

まさに魂が震えた瞬間だった。私は嬉しくなってこう言った。

「よーし、前に出てこい。そして私の隣に立って、これから私が言うことを、全員に向かって復唱しろ。いいか！」

「ハイ、やらせていただきます」

そして彼は朗々とよく響く声で、しっかりと復唱した。

「私たちは今日から、顧客の評価が静岡一となる製品を作ることを誓います！」

「それを達成したら、顧客評価日本一になることを誓います！」

「次はアジア一になることを誓います！」

「それができたら、世界一の製品を作れる集団になります！」

その場に居合わせた役員たちは、一言も発せられないまま、ただ彼の声明を聞いていた。

すると次の瞬間、青山学院を卒業して入社して来た女子新入社員が突然立ち上がり、震える声で涙を流しながらこう言った。

「私は、父の仕事の関係で、日本よりもうんと貧しいキューバで育ちました。だから色々な意味で、日本の現状に落胆を感じていました。運良く、青山学院を卒業して御社に入社できましたが、今日まで割り切れない気持ちが残っていました。でも、今の言葉を聴いて、嬉しくて涙が止まらなくなりました！

なんと素晴らしい会社に入社できたんだろうと、そう思ったからです。私は、キューバの体験を活かし、世界一の集団になることを誓います！」

その日から私たちの快進撃が始まった。私たちの努力は実を結び、まずは製造工場のレベルを静岡県内で一番に、次は日本で一番に、そしてアジアで一番になり、やがて世界で一番と言われるまでに成長を遂げていったのである。

品質というのは本来、顧客が判断するものだ。とはいえ、一応、数値的な品質基準というものは用意されていた。

一九八〇年代は「Zero Defect」「PPM」という用語が浸透し始めた時代だった。PPMとはParts per millionの略語で、工場で生産中の商品、百万個の中にいくつdefect（不良品）が生産されてしまうか、という測定値を指す。Zero Defectとは不良品がないということだ。

その頃、部品を生産する子会社の一般的な基準は、二百～三百PPMレベルであった。私たちの工場は、それを一桁削り、二十～三十PPMレベルまで達成したのである。

さらに、そこから顧客に供給する時は、その二十～三十の不良品を高速スクリーニングで検出したので、結果、顧客にはZero Defect製品を納入することができていた。


今でこそ、ＡＩの台頭により、かなり完全に近い状態でZero Defectを達成できるようになったのではないだろうか。

人間の脳では到底敵わないレベルの技術革新が起きる時代である。が、だからこそ、人間の意識、無意識を活用して人間にしかできないことを成し得ていくことに、命の意味があるのではないだろうか。


日本で一番品質管理の厳しい大手企業から表彰され、事実上の日本一になった時、元応援団長の社員はと言えば、頭を角刈りにしてノリの効いた工場の制服に身を包み、工場内で最も厳しいと言われていた高速プレス課でナンバーワンの技術者になっていた。

そんな彼に次の転機が訪れたのは、私が本社から指令を受け、シンガポール工場を主軸とした会社を立ち上げた時のことだ。彼が、シンガポールからの新入社員研修の担当になってくれたのだ。

彼は非常に面倒見が良かったので、シンガポールの社員からとても感謝されていた。そして、私と一緒にシンガポール工場立ち上げスタッフとして、日夜努力を重ねてくれた。厳しい品質管理のもとで製品を作り出すことに尽力し、最終的には、そこで製造された製品が、アジアで最も厳しい品質管理を要求すると言われている日本企業の顧客に、認められるまでになったのである。

事実上、アジア一を達成した日であった。

数億円の損失から世界一へ

ところが、そんな成長を横取りするかのように、政治的なコネクションによる人事異動が行なわれ、アメリカ本社からアジア担当副社長がやってきたのだ。私とシンガポールの会社を統括する、という名目だった。

その副社長は、私が課した厳しい研修プログラムに反発を感じていた一部の社員の声を拾うかのように、そのプログラムを中止してしまったのである。

さらに、多くの社員と共に作り上げた最高級の品質保証システムを、アメリカ流に変えてしまった。そのことにより、最も厳しい品質管理がなされているという信頼関係で供給して来た日本の顧客向け商品において、世界的リコールを余儀なくされる大事故を起こしてしまったのだ。

しかし、社内的原因に犯人探しをしても何も進まないので、私たちはすぐにリコールの修復作戦を開始した。結果、十ヶ月もの時間と数億円の経費がかかり、その年の会社の純利益を大幅に減らすこととなってしまったが、顧客とその先の消費者の信頼をなんとか回復することができた。

とは言っても数億の損出のため、一時的ではあったが会社の株価が下がってしまった。担当副社長はその責任を、私と日本の会社に向けてきたのである。

私は、世界一へのミッションが終わりになってしまったと思い落ち込んでいた。が、落ち込んでいるからと言って、多大な迷惑をかけてしまった顧客に謝罪をしないわけにはいかない。

リコールの修復作業を終えた時点で、私は顧客の元へ謝罪の挨拶に伺った。

私はその時、責任を取るために腹切りをする武士が、白装束に身を包む時の気持ちが、理解できるような気がした。

そして、私を待ち受けていたのは、想像できないような大どんでん返しであった。

それは、大手顧客の本社、品質管理担当役員室での出来事だった。白装束に身を包んだ気持ちの私が謝罪を述べた時、それに対する顧客の返答は、なんとその役員からの感謝状だったのだ。今まで、ここまで誠実に真摯に対応してくれた会社はなかったと、そう言って感謝状を授けてくれたのだ。

切腹の白装束から、婚礼の白無垢に、心が大反転した瞬間だった。

そして奇跡は続く。

この一連の出来事で、私たちの工場は業界内において一躍有名になった。

すると、アメリカ本社の世界的な顧客から、ぜひ工場を見学したいと申し入れがあり、多数の人々が日本の私たちの工場を見学に来たのだ。その時の案内役の一人に、元応援団員の社員の姿があった。

そのアメリカの顧客は、私たちの工場を見たその現場で、『世界認定工場』の表彰をしてくれただけでなく、アメリカにある本社工場にこの技術の逆輸入をしたいと申し入れてくれたのだ。

その結果、工場からの技術員と品質保証員、それにマーケティング担当社員を含め、総勢五十名程の日本チームが発足し、彼らによるアメリカ本土での製品供給プロジェクトがスタートしたのだ。

その後、プロジェクトは見事に推進され、その功績により日本企業の現地進出に大きな影響を与えることとなった。

プロジェクト完遂の日、アメリカの顧客はもちろんのこと、オハイオ州に進出した日本工場で社長を務めていた方々、工場の人々が何台ものバスを連ねて工場見学に来た。

その時の光景は目に焼き付いている。日の丸と星条旗が風に揺らめき、たくさんの笑顔に迎えられ、それはまるで映画のワンシーンのようだった。

事実上、世界一の技術集団になった日であった。

元応援団長の社員がこの任務を果たして日本に帰ってから間もなく、私のところに一通の手紙が届いた。彼の祖母からの手紙だった。

「あんなにどうしようもない不良だった孫を、シンガポールやアメリカにまで遠征させていただき、人様のお役に立てる人間に育ててくださり、本当にありがとうございます」

仕事とは人を育て、喜びと感謝を運んできてくれるものだということを、実感した出来事だ。

愛と喜びと感謝に溢れた、理想とする人生の時間を存分に楽しむためにこそ、働きたいものである。

三本の木の法則

『三本の木の法則』というのは「プロとしての職業の木」「資金拡大のための副業の木」「悠久のビジネス（人生事業）の木」という三本の木を指したものである。

そして、この三本の木を戦略的に育てることを考えながらキャリアを積むことが、人生を継続的に豊かに創造していくこととなる、という私の持論をまとめた法則である。

アメリカ留学時代の私に当てはめてみると、学生だった私の一本目の木、プロフェッションは学ぶことである。アメリカでの高校、大学時代は、各学期ともフルに単位を取得し、大学四年生後半ではＭＢＡの大学院コースの半分も習得した。

これは「アメリカで学びたい」という強い思いが常に根底にあったから、成し得たことだと思う。

学ぶべき時にしっかり学ぶこと。この木は成長と共に大きく育つが、そこに付いた実の中にある種は、将来にわたって貴重なエネルギー源となるのだ。

二本目の木は、どんな状況であれ確実に収入をもたらしてくれる副業だ。

学生だった私の副業は、ペンキ塗りからウエイター、教授の研究発表の資料作り、試験作り、採点係を経て、大学四年になった時には職員扱いのカウンセラーによる収入も得られるようになっていた。

三本目の木は、一本目と二本目のＤＮＡを持つ融合の木だ。

この木は、志と情熱を吹き込んだ時にのみ、必要な時期に実を結ぶ。そして種の中身はすべて、Naked Core（真我）から生まれ出たものだ。

私の人生事業の始まりは、ベッドフォード高校時代の交流的講演経験によるリーダーシップとシチズンシップだったように思う。大学一、二年の時は生活費を作るため、副業の時間に多くのエネルギーを費やしていたので、この木は成長を待ってスタンバイしている状態だった。

そして三年になって、国際留学生交流ディナープログラムという形で一気に成長し始めたのだ。このプログラムへの自己投資が、四年時のカウンセラーという副収入と人生事業を手に入れるきっかけになったのである。

ここで育ったカウンセラーの仕事という木は、今では太い幹を持つ大木となり私の職業を支え、人生事業において大きな役目を果たしている。

経営コンサルティングという職業を通じて、私が創り上げた五つのリーダーシッププログラムは、Mother Shipという新しいフィールドで今なお成長し続けている。

世の中には一本目の木（職業）における成功について、あるいは二本目の木（副業）について書かれた本が数多くある。

しかし、私はこの二本だけで、長い人生を強くしなやかに、かつ楽しく生き抜くことは難しいと思う。

これだけＡＩが進化した時代、単純作業や記憶を媒体とした仕事は、どう考えても人間より機械に任せておいた方が正確だし効率的だ。

私たち人間が「働く」という概念を根底から変えていかなくてはならない時代が、もうすぐそこまで来ている。

三本目の木は、まさに、人が人として「生きるために働く」ことを実感させてくれて、「自分に値する成功・自己実現」をもたらしてくれるものなのだ。自分が人生で一番達成したいものであり、世のため人のためとなる大きな志を抱けるもの、それが三本目の木である。

生きるために働いていたはずが、いつの間にか、働くために生きている状態になってしまっている人が、今の時代はとても多いような気がする。

当然、働くことは生きることに含まれる時間なのだが、自分の存在意義であるコアを省みなくなり、時間の切り売りのように、仕事に生活が支配されてしまうとしたら、それは本末転倒だと言わざるを得ないだろう。

私のコンサルティングやコーチングを受けたビジネスマンたち、個人としてプログラムを受講した生徒たちなど、その数は把握しきれないほどだが、中でも強く印象に残っている人たちがいる。

彼らの人生のドットとそこからの学びは、非常に深く美しく、そして見事なまでに三本の木の法則を実践しているので、ここで少しシェアしたいと思う。

〈Tim.N.Sako氏の場合〉

Tim.N.Sako.（サコ氏）は、モンゴル在住の国際経営コンサルタントである。彼は今、モンゴルで目覚ましい活躍を見せている。

二〇一三年には、モンゴル国の創造と発展の象徴である建設および都市形成活動に参加した役割と労働を評価され『優秀な建築家』の名誉賞を、二〇一四年にはモンゴル国・道路運輸省から勲章を授与。そして二〇一八年五月、彼が技術支援しているモンゴル国エレル社が、Kh. バトトルガ大統領による二〇一七年度国家開発最高賞「国家ゲレゲ賞」の最高賞を授与された。

国家ゲレゲ賞とは、国内社会や経済の発展面で高く評価されるインフラ開発、産業、農業、畜産業、観光といった各セクターにおける優れた開発事業に贈られる賞である。

バトトルガ大統領は、その表彰式で「大気汚染、住宅、失業等の未解決問題がたくさんある」とし、「エレル社の建築コンビナートは、低コストの住宅提供という意味で、住宅問題の解消に繋がる」と述べたそうだ。

そうした国家的事業に貢献しているサコ氏は、こんなふうに述べてくれた。

「グランド・マスターであるマーク先生と時間を共有し、同じ場の空気を吸って学べば、自分のビジョンを現実化しようとする力に、地球の重力に勝つパワーが加わります。それは自分を日常に縛り付ける力に勝つ力です。自分だけでなく、家族と一緒に輝かしい宇宙人生を楽しめる『宇宙智力』が自然にインストールされます。ぜひ、心の内部の潜在意識に直接働きかける手法を、マーク先生と一緒に学び続けることに挑戦してください。私は今、自分のNaked Core（真我）を見つけ磨き上げてきた結果が、実を結んできたことを実感しています」

こんな国際的な活躍を見せる彼も、出会った当初は、不条理なサラリーマンという仕事の環境に嫌気を感じており、なにか硬い殻で覆われているような印象だった。ところが、共に学ぶうちに、彼の硬い殻がぶち壊され、どんどん表情が和らぎ、心が開放されていく様子を、多く見ることができるようになったのである。

極め付けは、彼が自分のコアに出会ったことによる大きな変化だった。彼のNaked Core（真我）は『環境順応性・国際感覚・雑草力・関わる力』。それらを『スミレとなる』という美しい言葉で結んでいる。

『スミレ』という花は、マイナス四十℃というモンゴルの極寒期を耐え抜き、どんな厳しい環境にも順応して、春になるとその逞しい生命力によって開花するという。

そんなスミレの花にたとえ、彼は「スミレの精神」をこんなふうに語ってくれた。

「たった一輪のスミレの花は非常にか弱く目立ちません。華やかさもありません。ところが多くの仲間と一緒に咲くことにより、素晴らしいスミレ畑となり、人々の心を魅了する存在へと変貌するのです。多数の仲間と協力し合うことで、集合体としての崇高な成果を残す存在になり得るのです。そして、微かなそよ風にも敏感に反応し、その身体を震わせるのです。

このように、他の人々の気持ちに寄り添い、自らの身体を持って在り方を示すのが『スミレの精神』なのです」

この『スミレの精神』が彼のエネルギーの根底を支えているのだろう。

その後、彼は奥様と息子と一緒にハワイ大会のプログラムに参加し、その際、息子の元服（成人）式を執り行なったのである。

その時、共に学んだ息子は今、モンゴルの学校で学びながら、自分で飛行機の手配をし、一人でロシア経由の乗継をしてイギリス留学をするなど、活動の場を国際社会に大きく広げている。素晴らしいことである。

彼の一本目の木は、社内における海外事業のパイオニアとして特殊専門技術を持つ、土木技術者である。会社員という立場を存分に利用し、専門分野の活用、応用において、コア・コンピタンスの能力を磨きながら向上させることである。

二本目の木は、日本コンサルタント協会のＰＢＣ（パートナービジネスコンサルタント）における繋がりで学んだことを応用し、人間関係力を高め自分のコアを大きくする、ということだ。
具体的には、モンゴルでのコンサルタント業務を通じ「世界が豊かさを享受できるよう、貢献するワールド・ハイパーコンサルタントになる」という彼のビジョンを実現するための挑戦だ。先ほどの『スミレの精神』の意味づけができた大切な領域でもある。

三本目の木は、三十年間養ってきた技術のバックボーンを基礎として、アジアパシフィックでの人脈を有効活用し、モンゴル国から Tim N.Sako of Japan ブランドのビジネス展開を行なっていくこと。そして、関わった国、地域の生活環境を豊かにし、そのことによって、日本が精神的により豊かな国へと発展していけるような貢献をすること。

具体的には、モンゴル商工会議所とのコラボレーションを進め、日本とモンゴル国の友好を深めながら事業を進めていくことである。

これらすべてを、彼は今、見事に具現化している。


私は彼の学んでいく姿から、真面目な努力家ほど、感情の開放がもたらす効果が絶大であることを見せてもらった。二十九ページにて述べた石上氏もしかり、である。

多くの日本人的ビジネスマンは、彼らの姿勢をお手本にしてほしいと思う。

自由に感情を開放し、自分のコアからくる情熱に乗せて未来ビジョンを描く時、頭で考えている時以上の成果を達成することができるようになるのだから。

〈山田千穂子氏の場合〉

そして、サコ氏、石上氏とほぼ同じ時期に学んだ生徒に、おもてなし道大学®学長の山田千穂子氏がいる。

彼女は現在、人と企業のおもてなしを高める人財育成に取り組んでおり、二〇一八年三月公開の日台合作映画「おもてなし」にも、おもてなし専門家として参画している。

彼女はマナー講師として仕事をしていたのだが、クライアント企業ともっと深く関わりたい、自分のスキルを高め講師から人財育成コンサルタントに成長したい、そのための手法を学びたいという目的で、私の講座を受講した。

プログラムの中で自分のコアが「仁の心」であることを掴み取った彼女は、自身の在り方がきっちりと出来上がったことで、未来の姿をより明確に思い描けるようになっていった。

彼女がプレゼンテーションを行なったハワイ大会（二〇一三年九月実施）は、韓国チームや現地の参加者との交流もあり、感動の涙あり、笑いありの素晴らしい大会となった。

喜びと共に学ぶことで潜在意識に落とし込み、法則を知り実践していくことで、習慣化され、新しい自分になっていく、という過程を彼女は見事に楽しんでいた。

彼女はプログラムを受けたあと、こんなふうに語ってくれた。

「私は、人と企業のおもてなしを高める人財育成に取り組んでいます。私にとって、マーク先生との出会いは、人生を変えたと言っても過言ではありません。

マナー講師として仕事をしていた私が、クライアント企業ともっと深く関わりたい、一講師から人財育成コンサルタントとして、自分のスキルを高め、そのための手法を学びたいと参加した講座、それがマーク先生との運命の出会いでした。

マーク先生のプログラムで学び、私のコアが「仁の心」であること、自分自身の在り方、根幹がきっちりと出来上がり、未来の姿が明確になっていきました。

仁とは、思いやり。儒教における最高徳目で、他者と親しみ、思いやりの心をもって共生を実現しようとする実践倫理です。

このプログラムは、単に座学としての学びの場ではなく、ゲーミフィケーション・体験型で感性を広げ、楽しく学んでいくことができます。自分自身を見つめ、感性を高め、新たな自分が目覚めます。また、ここでは素晴らしい仲間との出会いがあります。

是非ともあなたも学んでみてください。きっと、素晴らしい体験ができることでしょう」

彼女の学ぶ姿勢から見させてもらったのは、見事なまでのコアの連鎖だ。三本の木というプログラムの可能性の素晴らしさを、ここまで見事に実践し見せてくれた生徒はいないかもしれない。

〈こだまひろこ氏の場合〉

次は、個人的にプログラムを受講した生徒を紹介したい。

彼女もまた素晴らしい飛躍をしている。Women's Community 代表のこだまひろこ氏だ。

彼女は当時、父親が経営していた四店舗のブティックを手伝っていた。そして父親の引退後、その経営を引き継いだのだが、四店舗の経営を継続していくことに難しさを感じ、順次お店を整理し始めた時に、私のプログラムを受講することになったのだ。

「これからの時代、女性が生涯仕事をしていく上で、結婚や出産で行き詰まることが増えてくる。そうした女性たちのためにこれまでの自分の経験を活かして、何かできることはないだろうか？」

そのように考え、女性のためのコミュニティを創ろうと思ったことが、プログラム受講のきっかけだったそうだ。

ところが、プログラムがスタートした矢先、ご主人がロードバイクで自損事故を起こしてしまう。一ヶ月入院して外傷が治り退院したのだが、結局、入院中の運動不足などが原因で亡くなってしまったのだ。

人生の大きな転換期を、彼女は強く乗り越えていった。その姿に、深い畏敬《いけい》の念を覚えたことを私はいつも思い出す。

プログラム受講後は、世界で通用するリーダーシップで日本女性が活躍の場を広げていくためのセミナーを企画し、私と一緒に進めてきた。

また彼女は同時期、私が尊敬してやまない北原照久氏の北原塾第一期生としても学びを進めていた。そこで山崎大地氏とご縁があり、その後、山崎大地氏のセミナーを主催したことで、彼をモデルにした『ロケット王子』の絵本に出会う。

彼女はこの絵本を初めて読んだ時、主人公の王子が土星を目指していく冒険物語の楽しさに心惹かれ、魔女や動物たちの可愛らしいイラストに夢中になったという。そして、子どもと大人が一緒になって演じるミュージカルのイメージが、降って湧《わ》いてきたそうだ。

彼女はすぐ行動に移した。

キャッチコピーは『子どもには夢を、大人にはもっと夢を！』。

「自分に湧いてきたイメージを形にしたい」という気持ちだけで、まず脚本を書き、ミュージカルの企画をスタートさせたのだが、彼女の強い想いに、子どもたちや演劇関係者、歌手など多くの人々が共鳴し集まってきた。

そして見事、百人くらいの会場で、プロデューサーとして初めての公演を成功させることができたのである。

さらに、この作品の挿入歌七曲のサントラCDを企画制作発売する。

そこから奇跡の連鎖が始まった。

その後、ミュージカル『ロケット王子の星ものがたり』は、回を重ねるごとに内容も進化していき、とうとうプロの役者たちにより銀座博品館劇場で上演するまでに成長した。

さらにそこからのご縁で、二〇一八年春、ロスアンゼルスにおいて開催された『ISDC国際宇宙開発会議』において、ミュージカル『ロケット王子の星ものがたり』のプレゼンテーションを行なうに至る。

「やりたいからやる」という魂から湧き上がる純粋な想いが世界の扉を開いた、コアの連鎖の見事な実例だ。

彼女の飛躍の原動力、自然体の素直な想い、それは彼女のコアからくる想いである。

三本の木の法則のままに、論理より実践を積み重ね、彼女らしい伸びやかな歩みを続けている。

彼女はとても控えめなので、なかなか自分から表に出すことはないのだが、実はこうしたエピソードからも分かるように、脚本を書いてその作品をプロデュースするという素晴らしい才能があるのだ。私はプログラムを通じ、またその後の彼女の活躍を見ながら彼女のNaked Core（真我）とコアプロセスを感じ続けてきた。

その一つが、津田梅子氏を題材とした小説を書くということである。

津田梅子氏は明治時代に生まれ、七歳にして渡米。帰国後は、幾多の試練を乗り越え日本の女性育成のために尽力した、日本女性リーダーの草分け的存在だ。言わずと知れた津田塾大学創設者である。

津田梅子氏の生き方を若い世代に伝えることとは、リーダーシップ継承の意思を重ねていくことに他ならない。

彼女が二〇一八年六月現在進めている津田梅子氏を題材とした小説は、若い世代、特に世界での活躍を目指す女性たちに向けて、必ずや大きなエールとなるであろう。

そしてこの作品が日米合同製作映画となり、その脚本・プロデュースを彼女が手がけている未来を、私のNaked Core（真我）は感じているのである。

このように「三本の木の法則」とは、それぞれの人のコア、生き様、創りたい未来によって全く異なるものであり、正解のあるものではない。

しかしながら、コアから来る純粋なエネルギーが導くコアビジネスへの連鎖に間違いはなく、それぞれに完全な形で美しいコアビジネスが確立しているのを感じていただけたことと思う。

何より大切なのは、三本の木をしっかりと育てるための土壌、核となるコアなのだ。

Naked Core（真我）は、自分の強み、哲学といったパーソナルコアを磨き、それが決め手となるコアプロセスを育て、そのことにより生活を支える職業としてのコアプロフェッションが大きく広がることで、自分のコアが活かせるコアビジネスへと成長を遂げていくのである。

第4章

Leadership
人々と社会に貢献する

異性にモテる人

『Only a life lived for others is a life worthwhile』

「サーバントリーダーシップ」とは、まず相手に奉仕し、その後相手を導くという考えのもとに生まれた支援型のリーダーシップである。

これが意味するものは、「人のために生きる人生にのみ、価値がある」というアルバート・アインシュタインの言葉に表されるように、徹底したサーバント意識を持ち、人々や世の中の役に立つことで喜びを分かち合い、社会革新を起こせるリーダーを育て、その意識を七世代先まで継承していく、ということである。

では、社会革新を起こせるリーダーとはどんなものだと思うだろうか。まずは自分の中にあるリーダー像がどんなものかを考えてみよう。

大勢の人をまとめられるカリスマ性があって、声が大きくて、はっきりと自己主張できて、絶対に間違えない自信があって、時には全体のために一部を犠牲にする選択も躊《ちゅう》躇《ちょ》なくできる強さがある人。

もしかすると、そんなイメージがあるかもしれない。

過去においては、こうしたリーダーと絶対に言うことを聞くその他大勢、のような完全なるピラミッド型のリーダーシップが主流だったと言えよう。

しかし、今、そういう絶対君主的なリーダーの元で、なにか新しいものを生み出せると想像できるだろうか？

答えは、否、である。

これまでの一般的なリーダー像を手放し、時代の求める新しいリーダー像を再定義することが求められている。

では再定義とは具体的にはどういうことなのか？

一番大切なのは「リーダーとは生まれ持った性質ではない」ということを理解することだ。そして、何よりもリーダーは「僕（サーバント）」でなければならない。

まず、自分が自分自身のリーダーである必要がある。自分自身を三六〇度、カバーできるリーダーだけが、自分の周り全方向に影響を与えられるリーダーになれるのである。

さらに、人々が行きたいところに連れて行くのが一般的なリーダーの定義だとすると、人々が行きたいところでなくても『行くべきところ』に連れて行くのが、優れたリーダーの定義だと私は考えている。

こうしたリーダーシップを再定義することが必要だ、というのが私の主張である。おそらく、これまでのリーダーのイメージとはかけ離れているかもしれない。が、こうしたリーダー像の再定義をすることが、すなわち、社会革新となるのだ。

少し極端な例かもしれないが、実生活における男女のリーダーシップ、つまり恋愛関係の分かりやすいエピソードをシェアしよう。

パデュー大学時代、留学生仲間に、ルース・リーという中国系ブラジル人学生がいた。彼女は私費留学をしている裕福な家庭の娘で、ハリウッドでも通用するようなエキゾチックな美人だった。しかも私よりずっと背が高くスマートだ。高嶺の花どころか、天空人のようだった。

ブラジルから来た人たちはもちろん、彼女の周りにはいつも男性が群がっていた。それにも関わらず、彼女はなぜか、私に話しかけてくることが多くなり、とうとう二人だけでドライブデートをする仲になった。

もちろん貧乏学生の私に車は買えないから、金持ちの友人から借りた車でだ。

私たちはとても仲が良かった。が、周囲からしたら信じがたいような組み合わせだったことだろう。彼女が私を選んだ理由。それは、私が彼女の話をよく聴いたからだと思う。どんな話でも徹底的に聴いていた。カッコつけないで、よく聴くのだ。

私は、リーダーシップの原点はここだと思っている。

人は、特に女性は、自分を理解してくれる人に好感を抱く。理解してくれる人とは、話を聴いてくれる人なのだ。

そして人は、好感を抱く人が望むことなら、なんとか叶えてあげたいと思うものである。これは恋愛でもビジネスでも、一般的な人間関係でも同じことなのである。

サーバントの最も重要な意味の一つ、それは、人の話を徹底的に聴いてあげられる傾聴力とも言えよう。

時間をかけて、心を向けて、相手とのコミュニケーションに全力でサーバントする。それこそが、信頼関係を築くための重要な第一歩なのであり、リーダーシップとは信頼関係の上に成り立つものなのである。

「求められるリーダーであること」は、「信頼される人であること」とイコールだと言えよう。

信頼される人はつまり、異性からも選ばれる人なのである。

オーケストラとジャズとアメーバー

こうしたリーダーについての本質を共有できたら、次に考えたいのは、未来の組織の在り方についてではないだろうか。

ＡＩの進化が指数関数的に伸びていく、このことには何度も触れているが、人間は間違いなく計算や暗記部門で機械には敵わない。だとしたら、私たち人間が機械を上回る能力とは何だろうか？

私は「組織力」だと思っている。組織とは人の集まりであり、人が人として学び、活動する「場」そのものではないだろうか。

では、理想的な未来の組織とは一体どんなものだろう？

今までの時代のように、カリスマ性のあるリーダーを一人だけトップに据えて右へ倣《なら》えでは、それこそ機械と大差なくなってしまうだろう。

今は誰もがリーダーとなり、そのオリジナルマインドで活躍の場を広げる時代なのだ。

私は今の時代に最も相応しいのは、オーケストラタイプとジャズタイプ、そしてアメーバータイプという三つの組織構成だと思っている。

これはそれぞれ一つずつ、ということではなく、一つの組織の中にこの三つの要素が内在しているという意味である。

一つずつ解説してみると、まず、オーケストラタイプとは、言わずもがな、一人の指揮者（社長、管理職）の下でそれぞれの音（特性、特技、役割）を楽譜通りに正確に出しながら、バランスの取れた完全なる合奏の形を創造するものである。

美しいハーモニーは、完成された美しい旋律から生まれる。つまり、個々の能力と同時に、全体像を聴くバランスと調和能力が必要とされるのだ。

そしてジャズタイプは、それぞれの個性を最大限に活かし、楽譜に縛られることなく自由に演奏をするものだ。楽譜がないわけではないが、まさにアレンジメントの世界。ただし、個性を最上級に表現するためには、それぞれの強み（特性、特技、役割）を認識するだけではなく、尊重する必要がある。

魅力を最大限に引き出してあげられるフィールド、つまりソロパートがより映えるような土壌を、互いに作らなければならないのだ。

そして最後はアメーバータイプ。これはズバリ、柔軟性のある組織を指す。

現状に固定されることなく、常に進化、革新を続けていける柔らかさが大切だということだ。

さて、実際に自分の周りの組織はどうだろうか？

国は？　地方行政は？　学校は？　会社は？　参加しているコミュニティは？

権力至上主義、あるいは結果主義といった言葉に表現されるような「上には逆らえない絶対的なピラミッド型」の組織がほとんどではないだろうか？


テレビでもよく取り沙汰されているパワーハラスメントなど、とても分かりやすい例と言えよう。

こうした問題が、昨今、広く取り上げられるようになったのは、「上には逆らえない絶対的なピラミッド型組織」の中にありながらも、人々が、一昔前のような隠蔽体質を受け入れなくなってきているからなのだろう。

そうした世間の声を背中に受け、怒りの矛先を向ける相手を探しているかのようなマスコミの、一方通行の正義感には少々辟易《へきえき》するが、「何かがおかしい」と感じているにも関わらず、心の声を深く共有し具体的な変革を起こすことは、想像以上に難しい時代なのかもしれない。

Do the Dignity

　こうした混沌を打破すべく、理想的な未来組織という視点で書かれた本がある。『みんなの夢がかなうハイパーコネクション都市―わくわく尊厳シティー』（ピースプロダクション）だ。この本の著書の一人、内海昭徳氏との出会いについて触れたい。

　内海昭徳氏は、観術総合研究所代表であり、NR AMERICA設立本部長を務めている。彼が出演する動画『自分と自分の宇宙はない』は英語、韓国語にも翻訳され、シリーズ累計再生回数は、五十万回を超える。

　オンライン上での情報発信と、オフラインでの多種多様な場の創造を通して、観術（nTech/認識技術）という新しい教育技術を普及している。

　彼に初めて出会ったのは、二〇一六年八月。私の講座の受講生が、彼らNRグループのプログラムを受講し、私を繋いでくれたことがきっかけである。

　ちょうどその頃、内海氏はNR AMERICA設立本部長としてアメリカへの進出準備を始めていた。

アメリカと日本を結ぶ太平洋の真ん中に位置するハワイは、日本からの歴史的大転換を目指す彼らの意思に、ベストマッチだったのだろう。

彼が初めて私に会いに来た時、一緒にオアフ島を巡り、太平洋を見ながら、これからは女性性が輝く時代だと語り合った。

私はこの時、彼の高いインテリジェンスに舌を巻いた。静かで穏やかな口調、明確で理路整然とした論点、豊富で幅広い知識、本気で世界を変えたいという少年のような真っ直ぐな熱意、それらすべてがハワイの風と混ざり合い、彼との出会いを彩った。

そして彼は、私と石上氏の「日本リーダーシップ協会」で進めていたFVAプログラムを受講したのだが、その際、私たちが提唱している五つのリーダーシップと百二十五のプリンシプルの組み上げ方にとても共感し、ぜひ一緒に事業を進めたいと、そう言ってくれたのだ。

そこで私も、NRグループが開催しているプログラムを受講し、北海道で行なわれたリーダーシップ研修にも参加した。その流れでハワイからWEAを発進させる動きが生まれたのだ。

WEAとはWorld Edunomic Associationの略。Edunomicというのは EducationとEconomic、つまり学びと経済を一つにした私たちの造語である。

私たちは多くの時間をかけてＷＥＡ設立の準備をした。

内海氏は何度もハワイに足を運んでくれた。

そうして生まれたＷＥＡが主催する学びの場は、自由で活発なディスカッションを主体とし、自由な観点と高い次元での学びを深めることを目的とするものだった。

また、個人的な学びの機会として、ＵＤＬ（Universal Dignity Leadership）というプログラムが生まれた。そしてこのプログラムを受講したのが、星夜である。

ＵＤＬが、現在MS Mother Shipで展開している『Universal Innovation and Leadership Program』へと進化し、星夜が今、私と共に日本リーダーシップ協会のMS Mother Shipを動かしていることを考えると、改めて宇宙の完全性に驚く。

二〇一七年十月、ハワイでの「Universal Dignity Leadership Conference」開催にあたっては、その準備のために二人でたくさんの時間をかけハワイ中を回り、無事にカンファレンスを成功させた。

その後、私の身体が急変し緊急入院をした時や、長岡美妃先生と同時期にお見舞いに来てくれた時、それぞれ私の心身に寄り添うためにハワイまで足を運んでくれた彼の行動に、ＷＥＡを創り上げるために積み重ねてきた時間への深い愛と感謝を感じている。

内海氏が、WEAおよびUDLで学び、掴んだことは『DOすること』。とにかくやる、という生き様ではないだろうか。

世界は広い。それぞれの国の立場や歴史があり、一見、相容れないと思われる国同士の関係性に戸惑うこともある。

しかし、どんな人にも必ずNaked Core（真我）があり、そこで繋がれることを信じて体当たりすれば、国や人種を超えて理解し合うことができるのだという国際感覚を、彼は掴んだのではないだろうか。

彼は、私が贈った言葉『Do the Dignity』を、言葉のままに邁進していると感じている。二〇一八年二月には、世界の最先端、シリコンバレーの人々も多く集う国際カンファレンス『wisdom2.0』に、唯一の日本人エントリースピーカーとして登壇し、見事な英語プレゼンテーションをやってのけたのである。

そして同時に『Wisdom2.0』に向かうまでの軌跡をドキュメンタリー映画に仕上げ、素晴らしいメッセージを多くの人々に届けている。

彼が英語でプレゼンテーションしている姿を見て、私は一九六四年ほとんど一文無しでアメリカに渡った時のことを思い出した。

本当のコミュニケーションやプロトコルが何たるかも知らず、たくさんの人の優しさに甘え、面倒を見てもらいながらも、必死に努力して夢を叶えようとしていたあの頃の自分が重なるのだ。まさに人生のパイオニア時代。

彼はまだまだこれから、世界を舞台に活躍の場を広げていくことだろう。

そんな彼が、私にこんな言葉を贈ってくれた。

『マークさんの百二十五のリーダーシップは、まさに、自分の中でピースが一つ埋まったような感覚でした。この出会いがあり、このピースが埋まったことで、自分のビジョンが、よりクリアになったのです。

マークさんからいただいた《DO the Dignity》という言葉は、本当に、自分の一番大切なコアになっていると確信しています。

Dignityの時代を世界の人たちと作っていけること、共有できること、これらをもたらす宝のような理念をくれたことを、心から感謝しています』

彼が目指す理想的な組織、町、都市は、きっと形になり、世界を変えていくに違いない。

ただ、そうは言っても、既存の組織や意識を変えようとすれば、そこに軋轢《あつれき》が生まれるのは当然だろう。人は皆、変わることを恐れるからだ。

変わりたい、変わりたいと言いながら、一向に変わるための行動を起こさない人が多いのは、変わりたくないという潜在意識が働くからだ。だから大きく変わることを、人は「大変だ」と言うのだろう。

そんな「大変な」組織的経営革新にチャレンジしたことがある。次の章ではそれについて話そう。

Who is your Boss?

私は、大学卒業後、日本に戻り世界的な石油大資本会社で働いていた。アメリカでの長い苦学生時代を経て入社した会社では、同年代の人たちの三倍以上の給料を稼いでいたので何一つ不満はなかった。

そして二十八歳になった時、学生の頃、夏季休暇中に働いていた自動車関連の会社から、工場経営の近代化と経営革新のために来てほしいと要請を受けた。

自分の学んだことが活かせる仕事だったことと、大好きなアメリカ、特に光降り注ぐ南カリフォルニアでの仕事だということで、そのオファーを受けることにした。会社の方針によるプロジェクトだったので、簡単に事が進むだろうと考えていたのだ。

が、現実は甘くなかった。

工場経営の近代化と経営革新のプログラムは、在職歴が長い技術者たちの反発を生んでしまったのだ。当然、部下たちは私の言うことを全く聞かず、ビジネス的にも支障が出てきてしまった。

そんなある日、仕事が終わったあと、現場の係長たちから場末の飲み屋に誘われた。

そのバーは、作業着を着たまま工員たちが行くような店で、工場と油の臭いが染み付いていた。

しかも、小さい舞台の上ではダンサーがヌードショーをやっていたのだ。とても上等とは言えないようなダンサーだったが、彼女を見て、工員の一人がニヤリと笑ってこう言った。

「Hey, Chief, do you like that?」

そこで私は同じくニヤリと笑いながら「Yes, She is OK」と言ってやった。

このルーティンは何日も続いた。


ヌードショーに行くようになってから、少しずつ部下が言うことを聞いてくれるようになっていった。

彼らが私をヌードショーに誘ったのは、私を試したかったからだ。

「社長から送られてきた頭でっかちのよそ者」は、自分たちと油まみれで働く男なのかどうか？　を試したのだ。


もしもこの時、「上司である自分」が部下と接点を楽しめるような場所を否定し、自分の目線だけでコミュニケーションを取ろうとしたら、絶対に彼らの信頼を勝ち得ることはできなかっただろう。

「相手の視線に合わせること」

これができないと、どんなに頭が良くても、仕事ができても、相手を引き寄せることはできない。ピラミッド型の組織図にこだわっていたら、本物の関係性を築くことなど不可能である。

組織とは、人が織りなすタペストリーに過ぎない。信頼関係があって初めて、その絵柄は美しく創造されていくのだろう。

ちなみに、ピラミッド型とオーケストラタイプは、一見似ているように感じるかもしれないが、全く別のものだ。

ピラミッド型は上から下への伝達はあっても、ハーモニーはない。オーケストラタイプは、一人の指揮者を通じて、全体が信頼し合い、美しい響きを奏でるものだ。ここを履き違えてはならない。

部下とのコミュニケーションが取れるようになってきた頃、こんなことがあった。

社内全施設の保全係をしていた元海兵隊出身の課長に、Mike Kaneという大男がいた。

彼以外の課長たちは、会社の近代化と経営革新プログラムに協力してくれたので、事がうまく進み始めていたのだが、マイクだけはプログラムを無視し続けていた。

そのため、全体のハーモニーを築き上げることに支障が生じていたのだ。

なんとかしなければと、私も焦りを感じていた。

そうは言っても、私を無視し続けている五十代のマイクとの決着は、三十代の私にとって非常にナーバスに感じるものだった。

マイクを始め他部署の課長たちと共有していたオフィスには、秘書役のマーガレットという女性がいた。

マーガレットは争いを好まぬ温厚な人柄で、課長たちからも人気があった。そんな彼女も、私とマイクの関係性をとても心配していた様子だった。

ある時、私は意を決して、普段より強い口調でマイクにこう言った。

「マイク、全員一丸となって進める必要のある経営革新に加わってくれないか？」

マイクは「I don't know」と言う曖昧な言葉を返してきた。

マーガレットは心配そうな顔で私たち二人を見守っていた。

このままオフィスの中で会話を続けたら、他に迷惑をかけてしまうかも知れないという危機感があったので、私はマイクにこう言った。

「Mike, we need to settle this outside.」

一瞬、マーガレットの顔が歪《ゆが》んで見えた。

やり取りを日本語に訳すとこういう感じだ。

「そんなものを知るか」

「そうか、それなら外に出ろ！　決着をつけよう」

オフィスの外に出て私はマイクに聞いた。

「Mike, who is your boss?」

「I don't know.」

「Ok, then, let me tell you. I am your boss. Do you hear me?」

「……」

大男のマイクの顔は真っ赤になってきた。

「OK, Mike, repeat after me.『You are my Boss』」

「……」

「I can't hear you, Mike」

怒りで顔を真っ赤にしたマイクは、今にも私に殴りかかりそうな様子だった。しかし、暴力を振るったら即座に、工場警備員に連行されてしまう。そして即刻解雇である。

私は続けた。

「Who is your boss?」

「I guess you are.」

「OK, take the guess out of your word.」

「You are my boss.」

「Mike, I can't hear you.」

「YOU ARE MY BOSS.」

「OK, let's go inside.」


オフィスに戻ってきた私たちを心配そうに見ているマーガレットに、マイクは、ニコッとしながら言った。

「Margaret, Mark and I are buddies.」

彼は私の覚悟を見たかったのだ。そして私は彼の海兵隊気質を見抜いていた。だから正面切って臆することなく、どっちがボスかを認めさせたのだ。

それ以来マイクは、私の手となり足となり尽くしてくれるようになった。

組織がハーモニーを奏で始めた決定的な日となった。

リーダーシップの証

さて、こうした新しい組織についてイメージできたら、次はリーダーとして新しいものを生み出していく力について考えてみよう。社会革新についてである。

社会革新とはすなわち、0から1を生み出す創造、新しいソリューションを起こす力である。

それには、何よりもまず、前例にこだわらない大きな視点、観点を得ることが重要だ。0から1を生み出すためには「もし」という自由な発想力が必要だからだ。

組織において様々な課題を解決していくために、開放的で、柔軟性に満ちた発明や改革が、今、求められている。

とはいえ、いくら良いアイディアや開放的な視点を持っていたとしても、一人ではそれを形にしていくことは不可能である。力を貸してくれる仲間（チーム）が不可欠だ。

ゆえに、社会尊厳性についての意識を高めることが求められるのである。

私は、社会尊厳性とはすなわち「仁義礼智信」の心だと考える。人は誠実なリーダーに従い、そしてリーダーの有言実行の姿に信頼感を抱くのだ。

さて、革新を続ける組織にまた一つの壁が立ちはだかった。

当時のアメリカでＵＡＷと言えば、最強の労働組合組織だった。ＵＡＷ、すなわち「全米自動車労働組合」のことである。

ペンキ工場で働く我が社の社員数人がＵＡＷの人に説得され「うちの会社にも労働組合を作りたい」と申し出たとのことで、ロスアンゼルス郡労働監理局から通告が来たのだ。会社創立以来、初めての出来事に、社長以下、役員たちもかなり動揺していた。

当時の私は課長という立場の中でもリーダー格であったので、まずは課長同士で集まり「労働組合は作らない」という方針を確認し、その後、受け持ちの社員一人一人と話し合うことにしたのだ。

この時、徹底的に気をつけたのが「相手の話をよく聴くこと」「相手の目線に合わせて話をすること」だった。

前例にこだわらず、全く新しい視点で、開放的な気持ちで、ヒアリングしていくことにしたのだ。

実はこの時、影となり日向となり私の力になって働いてくれたのが、あの元海兵隊課長のマイクであった。

労働組合を作りたいと希望する側と、それを阻止したい会社側の攻防は、かなり長期戦となった。

正直なところ、どちらに軍配が上がってもおかしくないような切迫した状況だったのだ。

そしていよいよ、労働組合設立の是非を問う全社員による投票の日が来た。

会社の前にはUAWのトラックが立ち並び、壮絶な雰囲気を醸し出していた。

その前を通り会社に入る時は、まるで背中に銃口が突きつけられているかのようだったことを覚えている。

郡の労働監理局から派遣された立会人が入り、社内放送が流れ投票が始まった。

課長クラスの仲間たちは全員私の部屋に集まっていた。重苦しい空気を全身で感じ、息が詰まるようだった。

やがて労働監理局の係員から投票結果が発表されたのだが、結果は、わずかな差で「労働組合は作らない」ことになったのだ。

あの時、マイクの信頼を勝ち得たことが、労働組合の創設をかけた攻防に大きな影響を与えたことは明白である。

社長、副社長は涙を流して喜んでいたし、私は胸がいっぱいで、ただただ同僚たちと握手を交わし喜びを分かち合った。

「Thank you」という言葉しか出てこなかった。

相手の立場になって誠実に社員たちの話を聴き、最後は自分の考えを信じて誠意を持って強い意志を示すことが、結果、人の心を動かすのだということを学んだ出来事だった。まさに、サーバントであることがリーダーシップの根幹であり、そのリーダーシップを実行するためには、尊厳を持って信頼を勝ち得ることが何より重要だということの表れだと思う。

このようにして培われたリーダーシップが完成されたものへと成長するかどうか、それを問うために「リーダーシップの証」という視点が重要だ。

リーダーシップは、一時的なもので終わってしまっては意味がない。世代を超えて世界に良い影響を残していくために、続く先の世代に継承されていくものでなくてはならない、というのが私の持論だ。

これはネイティブアメリカンの言葉に明確に示されている。

現代においても、いや、現代においてこそ非常に重要な言葉なので、抜粋ではあるが紹介したいと思う。

（ネイティブアメリカンの言葉から・抜粋）

信じることが価値を生む
価値は考えを生む
考えは心の反応を生む
心の反応は態度を生む
態度は行動を生む
あなたが生まれたとき、周りの人は笑ってあなたが泣いたでしょう
だからあなたが死ぬときは、あなたが笑って周りの人が泣くような人生を送りなさい
過ちを見てそれを正そうとしなければ過ちを犯したものと同罪だ
地球にあるものはみな目的を持ち、いかなる病にもそれを治す薬草があって、すべての人には果たすべき使命がある
大地とその上に住むものすべてを、敬意を持って扱いなさい
偉大なる精霊（精神）を保持し続けなさい
あなたの仲間に大いなる敬意を示しなさい
すべての人々（人類）のために手を携えて働きなさい
必要とされたなら場所を問わず援助と親切を与えなさい

自分が正しいと分かっていることを実行しなさい
心と体をいい状態に保つために気をつけなさい
あなたの努力の一部を善行に捧げなさい
いつも真実を見つめ正直でいなさい
自分の行動について全責任を負いなさい
どんなことも七世代先まで考えて決めねばならない

何度読み直しても、素晴らしい言葉だと思う。

そしてこのように生きられたら、魂から満足できるのだろう。

もちろん、私は完璧な人間ではない。だから、これらの言葉を読んだ時に、できないこと、やりたいと思えないこと、やらなくてはいけないのかなと義務感を感じることもある。

ただ、そういう自分の弱さやずるさ、それらすべてを受容してなお、これらの言葉に添うように生きられたらと願う自分がいるのも事実だ。


「リーダーシップ」とは何か？　という問いに対し、自分なりのリーダー像を再定義すること。

そしてそれに基づいた理想的な組織図をイメージし、その組織と共に0から1を生み出す社会革新を起こすこと。

仁義礼智信の心を持って、そこに関わる人々と繋がること。
こうしたリーダーシップが、世代を超えて継承されていくものであるために、自分が何をするのかを明確に声明することこそ、新しい時代のリーダーの姿ではないだろうか。

リーダーシップとはきっと、終わりなき自分磨きなのだろう。

第5章

Partnership
悠久の繁栄を創る

私はこう思う、ゆえにこう生きる

第三のソリューション、という言葉をご存知だろうか？

私が、問題解決のために最も効果的な方法であると、強く提唱している考え方だ。

この方法を認知し活用すれば、家庭内の問題から世代間ギャップ、国家間の問題も解決に導くことが可能となる。非常に効果的で美しい解決方法だ。

が、この方法を活用するためには、前章におけるリーダーシップを会得しておく必要があるのだ。


サーバントリーダーシップを完全に理解したリーダーたちによる問題解決策、すなわち「第三のソリューション」という名の融合である。

第三のソリューションについては後ほど詳しく述べるが、まずは、この方法を使いこなすために一番大切なこと、「死生観」について深めてみたい。


これは、ただ単に「生前に死を意識する」という話ではない。今、私たちが生きている時代がデジタル革命真っ只中であることを認識し、デジタルマインドの第六感を開発していくすべを身につける、ということだ。

つまり、宇宙の法則をしっかりと腑に落とし、Naked Core（真我）からくる想いで命の終わりをしっかりと意識することで、今ここにすべてが存在している感覚を掴むということである。

「今ここにすべてが存在している」感覚を掴むために最初に認識したいポイントは、「Feeling First, Logic Second, and lasting Feeling」ということだ。

ふと湧いた感情、インスピレーションを確実に掴む。その後で、論理的に考えて動く。そうして進めた仕事や出来事に、最後、自分のコアからくる感情で味わって締めくくる。この一連の流れが非常に重要なのだ。

なぜなら、何度も繰り返すが、宇宙は振動するたった一つの物質でできている。振動する物質とはすなわち、感情であり想いであり、言葉であり音であり、イメージであり香りであり、そしてそれらすべての揺らぎそのものだ。

感情から入り、思考で整えて、感情でまとめる。これが宇宙の法則に従った再創造の基礎となる。

感情から入ることがなぜ大切かというと、それがNaked Core（真我）から忠実に湧いて出てくるものだからだ。

自分が本当に好きなこと、嬉しいこと、そこからのエネルギーに忠実であることが、自分の死後、何を残すか？　ということを考える時、非常に大きな意味を持つのである。が、そもそも、それを表現する自分自身が「何を信条としているのか？」ということが不明瞭であったら、自分自身のリーダーにすらなり得ない。信条とはすなわち哲学だ。

海外では最初に「What's Your Philosophy?」と聞かれることも多い。

日本のように、単一民族に近い状況の島国ではなく、多種多様な民族が同じ大陸で国境を共有しているような国に住む人々にとって、何を信条として生きている人なのか？という問いは非常に重要な意味を持つ。

そういう場面では、どんな宗教を信じ、どういう価値観で、何を大切に生きているのか？　が大切なのであって、どこの大学を出て、どこの会社のどんな立場にいるか？などの肩書きには大して意味がないということを知っておいたほうがいい。

「私はこう思う、ゆえにこう生きる」

この問いにいつも明確に答えられる自分であること、それをいつも意識するということだ。

第三のソリューション

さて、そのようにして自分をしっかりと持っている人、つまりセルフリーダーシップが確立され、真のリーダーシップを理解した人同士だからこそ生きてくる解決方法が、最初に触れた「第三のソリューション」である。

グローバルな関係ではもちろん、家庭内のような小さなコミュニティでも、互いの目的地に向かう過程で溝が生じることは多々ある。そのような困難な状況において、基準点の違うもの同士が互いに満足できる解決策に至るためのステップのことを指す。

通常の解決策は、「話し合って妥協点を見出す」と言いながら、大抵の場合、声の大きい方の主張が通ったり、あるいはパワーハラスメントのように、立場に物を言わせた判断になったりすることが多いのではないだろうか。

そうすると、採用されなかった側には不満が残り、立場に優劣が生まれる。こうした不安定なバランスの上には、力強い新しい創造は生まれてこない。

大切なのは、互いの基準点を完全に移動させ、全く新しい基準点を生み出すという感覚だ。そのためには、何よりまず相手の話をよく聴き、理解し、ビジョンを分かち合うことである。そしてコアエネルギーから来る新たな創造、提案をするということだ。

その提案は、相手の強みが活かされ、自分の強みも発揮でき、それぞれの強みを打ち出すことで相互効果があり、かつ楽しめるものでなくてはならない。

そして、その提案のために自分の持つすべての資源を惜しみなく提供すること、そこから生まれた融合を分かち合うことで、いつしか、問題解決という狭いフィールドではなく、新しい価値の創造という次の次元に進化していけるのである。

こうしたソリューションの生み出すもの、それこそが「融合」ではないだろうか。

人は、地球上に暮らし、人と関わりながら社会生活を営み、日々を過ごし、様々な体験を重ね、歴史を築いている——。そのことが「生きる」ことだとしたら、人生とはつまり、分離と融合、体験と認識、その繰り返しなのだろう。

人は成長し続けることを求める生き物である。それは、細胞という命の根源が、分離と融合、成長発展し続けることを目的に存在しているからだ。

細胞の塊である私たちの人生、そして宇宙のすべてとは、すなわち、成長発展のため「知っている」ことを「体験」して、その「感情を味わう」ことなのかもしれない。

さて、このように人生の旅路を素晴らしいものとして体験するために、私たちは「宇宙の恩恵」について理解することが大切である。

私たちがこの命に想いを馳せる時、そこに在るのは、ただ、愛と感謝だけだ。生まれくる奇跡、成長できることの感謝、素晴らしい出会いを祝福し、魂を響かせ合う繋がりを喜ぶ。これらすべてから生じるのは、何世代も続く愛と感謝の連鎖、そのものの体験だ。

そしておそらく気づいている人が多いと思うが、この人生の旅路は、トーラスとして繰り返し自分に返ってくる。少しずつ次元上昇しながら、繰り返し、繰り返し、私たちの成長を促す。

それぞれの人生の体験の中で、様々な立場、考え方、価値観を学びながら、私たちは進む。だからこそ、人の痛みにも喜びにも寄り添える、深みある人に成長していけるのだ。

あなたは私たちの同胞だ

私が、宇宙という大いなる力の素晴らしさを体感した出来事をシェアしたいと思う。

第三章で述べたとおり、私は突然、会社から「シンガポールに製造会社を設立せよ」という指示を受けた。それは忘れもしない、五月五日のことだった。そして私はその五日後、五月十日にシンガポールへ飛んだ。

これまでの私は、日本、アメリカ、ヨーロッパでの仕事経験はあったものの、東南アジアに関する知識や経験はほとんどなかったので、非常に不安を感じていた。しかも、現地でのコネクションもない。それこそ全くのゼロからのスタートだった。

まず始めに行なったのはシンガポール政府の人たちとの交渉だった。シンガポール環境庁は首相官邸直結の部署（当時）だったからだ。

彼らは、私たちの工場から排出される水や空気の基準を、日本の最高水準のものとするよう要請してきた。そして私たちが満たした基準値は、のちにシンガポールで最初の「環境基準」となったのである。

環境基準を整えることはできたが、工場経営に関わる人材については、正直なところ最初から基準を満たす人がとても少なかったので、トレーニングして人材を育てていくしかないと覚悟を決めた。

工場進出の条件で考えたら、決して恵まれたものではなかった。が、すべて始まりには最初の一歩がある。踏み出さなければ次に進めない。条件を満たしてから、などと考えていたらいつまでも何も動かず、何も生み出されない。

私が徹底的なトレーニングプログラムを組むことを覚悟したのと同じように、採用された人たちもまた、自分たちのプロフェッショナルを高めるため、覚悟を決めて学び始めてくれた。

暖かい南国から、雪の降る日本へ、何十人もの社員が研修に来た。日本の社員も彼らを歓迎し、交流する様は、まるで大学時代の留学生交流会を彷彿させるものだった。

さらに日本からのトレーナーたちがシンガポールに送り込まれ、現地での研修も始まった。

そうした努力も相まって、予定より二ヶ月も早く、開所式を迎えることができたのだ。前述の元応援団長などの精鋭たちが大活躍した成果だ。

とはいえ、日本の社員教育の「当たり前」は、シンガポールの社員たちにとっては、厳し過ぎて、いじめられているように感じるものも多かったようで、私は何度も彼らの間に入り、気持ちの調整をした。

ここでも「相手の話を徹底的に聴く」「相手の立場で考える」ことが非常に役に立ったと思う。

シンガポール社員はこうした研修のすべてを乗り越え、一年で十分なプロフェッショナルとしてのスキルを身につけたのだ。まさに、同じ志を持っていれば、国や人種を超えて結果を出せるということを体感した出来事だった。

このように、ゼロから何かを創り上げる時、その動きが「世のため人のためとなるかどうか」という観点が、宇宙からの応援を受けられるかどうかを左右することは言うまでもない。

世のため人のためとなり、かつそのための動きが、人々の成長、進化、喜びをもたらすものであれば、そこから発せられるエネルギーはすべてに共鳴し、宇宙へ広がり、共振するものを引き寄せ、イメージしていたものを形にしていく。

意見が合わないこともある。やり方が違うと感じることもある。そうした価値観のずれは、互いの哲学を知り、その尊厳を守り、新しい基準点を生み出す意識で話し合いを重ねていけば、多くの場合、障害とならないものだ。

こういった高い意識で運営されていたシンガポール工場は、とてもうまくいっていた。

ところが、しばらくしてアメリカ本社から副社長が赴任してきたのである。

そこから先の出来事はすでに第三章で述べた通りだが、世界的リコールという大きな出来事のあと、当の副社長は、責任のすべてを私に押し付けてきただけでなく、あろうことか、死ぬほどの努力を重ね成長してきた現地マネージャーを解雇してしまったのだ。

私は、現地マネージャーとの別れが本当に辛かった。自分のスキルアップのため、必死に努力して頑張ってきた姿を見ているだけに、身勝手な上司の尻拭いをさせられたことが気の毒でならなかった。

その彼が職場を去る時に、みんなの前で私に向かって言ってくれた言葉がある。

「あなたは私たちの同胞だ。半分、我々の血が入っているのではないかと思うほどだ」

これは最大級の賛辞だと思う。国や言語、文化、宗教が違っていても、魂で響き合うことができれば、このような繋がりを創ることができるのだ。

当時を振り返り思うことがある。

私はあの時、副社長の立場を思いやることはできなかった。

もしかしたら、アメリカ本社から送られてきた存在そのものへの抵抗、嫉妬、不快感などがあったのかもしれない。いや、そんな思いはなかったかもしれない。自分が創り上げたという自負が、どこかで「ここは自分の場所だ」というような傲慢《ごうまん》さがあったのかもしれない。いや、そんなものはなかったかもしれない。

いずれにせよ、彼の立場を思いやり、工場全体のことを考えて彼とのコミュニケーションが取れていたら、トレーニングプログラムを中止するという判断をさせないで済んだのかもしれない、とは思う。

それこそ、第三のソリューションという法則で関係性の解決はできなかったのか？　と思われるかもしれない。

だが、当時の私にはまだその認識も技術もなかった。


自分の周りで起こる出来事は、そのすべてにおいて、自分が原因だ。どんなに理不尽に思えることも、納得がいかないようなことも、すべて自分から生まれたものだ。

顕在意識では理解できなくても、潜在意識、無意識では、その体験を選んでいる自分がいるからである。

なぜなら宇宙は、必要な体験しか用意しないからだ。そしてそれは、自分が設定した学びの段階を進むために、必要なステップだからである。

今、あの時の体験を思い返す時、あの時ああ言っていれば、こう振る舞っていればなど、いろいろな思いはよぎる。しかし同時に、あの時の自分にはあの体験が必要だった、ということも分かる。

なぜなら、あの副社長が工場に来て様々な問題行動を起こしたことで、むしろ一丸となって不良品対策にあたることができたのだし、そうした一連の出来事があったから、現地マネージャーの彼から「自分たちと同じ血が流れているのでは」という最高の賛辞を言ってもらえる経験ができたのだから。

そして同時に、こうした不協和音の体験を重ねるたびに、どうしたらもっとうまくみんなを動かして最高の結果を作ることができるのだろうか？　と考え続けた結果、「第三のソリューション」という認識と技術を確立することができたのだから。

あの言葉が、自分が世界で仕事をする時の確固たる指針になっていること、第三のソリューションという技術を確立するきっかけを与えてもらったことを思えば、あの副社長が担ってくれた役割がどれだけ大きいものだったか、ということが分かる。感謝の気持ちが湧いてくるほどだ。

そしてあの時の経験は、きっと、あの副社長にとっても、そして解雇されてしまった現地マネージャーにとっても、現地社員にとっても、必要不可欠な人生のドットになっていることと思う。

すべては完璧に用意され、そして繋がっている。それが、宇宙だからだ。

命の連鎖

私たちはみんな、大いなる融合に向かって成長し続けている。

この「大いなる融合」を語るにあたり、欠かせないドットがある。私の人生をある時点において融合させ、分離させ、そして新しい融合に向かわせた出来事である。それについて話そう。

私は、自分の強い思いと意志でアメリカ留学を果たし、現地でも最上級の経験を積むことができて、卒業後も条件の良い会社で仕事をすることができた。そして、どんどん良い条件でヘッドハンティングされ、様々な業種を渡り歩き、最終的には社長業を任されるようになっていった。

最初からコンサルタントやコーチだったわけではない。サラリーマンとして「会社」というフィールドで、与えられた仕事を精一杯こなすために努力し、成果を出し、認められて階段を上っていったに過ぎない。

三十～四十代は、まさに飛ぶ鳥を落とす勢いと言われるような「イケイケ」の状態であった。

私はいつも強気で、力強く、会社の発展のために尽くしていたし、会社もそれに応えてくれて、十分な給与と贅沢《ぜいたく》な環境を与えてくれていた。

ピークの頃は、ファーストクラスと送迎車と帝国ホテル、というのが私のステイタスだった。自分は、そのように扱われるに値するだけの仕事をしていると自負していたし、大きな経済を動かす仕事ができることを誇らしく思っていたものだ。


妻は、大妻女子大学を首席で卒業した、絵に描いたようなお嬢様だった。私を夫というより、兄のように慕い、甘えてくる、少女のような人だった。

そんな彼女が、私の仕事の関係でアメリカへ引っ越すことになった時、迷いなくついてきてくれたことは感謝している。

いや、むしろアメリカへの憧れが強かった彼女の方が喜んでいたのかもしれない。

しかし、初めての子育てが、知り合いも土地勘もないアメリカだったことは、私が想像する以上に大変だったことと思う。とはいえ、私も出来る限り子育てに参加した。仕事の合間にミルクを飲ませに帰ったり、スーツ姿のままオムツを両手に抱えて買い物したり、とにかくできることを必死で手伝った。

仕事は定時で終えて、さっさと家に帰り、家族といる時間を何より大切にした。

パークでの散歩の様子など、今のようにスマートフォンで気軽に写真を収められる時代であったなら、きっと理想的な家族写真が数多く撮れていたことだろう。

それらは義務感で行なっていたわけではなく、目の前の小さな命が愛しくて仕方なかったからである。

私は、母の慈愛一筋に命を繋いでもらった。その幼少期の魂の記憶が、コアの深いところに染み付いているのだ。

だから、自分を通じて、母の命が目の前の小さな赤ん坊に注がれ、すべてが繋がっていることを思う時、その命の連鎖の奇跡が、ただひたすらに有難かった。

二人の娘という最高の子宝に恵まれ、現在、二人ともそれぞれ立派に自立して母となり、私の命を繋いでくれている。

つまり、娘を通じて孫たちに、私と妻、そして母と、それぞれの先祖たちの命の連鎖が繋がっているのである。

子を持ち、孫を持ち、改めて思う。命の連鎖は奇跡そのものだ。

と、こんなふうに書くと、私のこれまでの人生がすべて順風満帆で、公私共にずっと幸せで、まさに理想の夫婦、理想の家庭、理想の人生のように思うかもしれない。が、決してそうではない。

私たち夫婦は、子どもが幼稚園に入園する時期になると、日本で育てるか、このままアメリカで育てるかをとても迷った。迷い悩んだが、結局、日本で教育を受けさせることを決意した。ちょうど折良く、日本のある会社の社長としての話があったからだ。

そして日本に戻ってきたのだが、その頃から少しずつ、私たち夫婦の歯車が噛み合わなくなっていったのである。

これは言い訳かもしれないが、当時の日本の社会では、社長業である私が「飲めません、飲みません、家族がいるから定時で帰ります」などと言うことは、全く通用しなかった。会社は経費をバンバン使っているバブル真っ盛りの時代である。

言っておくが、私はアルコールを飲まない。というか、飲めないのである。

ところが、私を接待する名目があれば、サラリーマンたちは銀座の一等地にある高級な料亭やバーでも領収書が切れるので、私はよく接待に駆り出されていた。

女性のいるようなお店で、お酒に何十万も使う人たちを見ると「そんなお金を使うなら奥さんや子どもに何か買ってあげたらいいのに」と思ったものだ。

私は昔から、その時だけの薄っぺらな付き合いのために、時間とお金をかけることに価値を感じる人間ではないのだ。

心の底から共鳴できる、喜び、楽しさが体験できる時間こそ人生だ、というのが私の持論である。これは今も、変わらない。決して、カッコつけているわけではない。

が、しかし——。

私にも男としての欲望はある。

周囲から煽《おだ》てられて、重々しく扱われ、女性たちからも艶っぽい目を向けられたら、男としての自己承認欲求が満たされることは致し方ないのではないだろうか。


当時の私は、仕事が面白くて、意識が外の世界にばかり向いていた時期だった。

社長としてたくさんの人たちと出会い、夢を語った。そして自分たちが創造している事業には、苦労もあったが誇りもあった。

そのため、家族に向ける意識が薄れてしまい、真っ直ぐ家に帰れない日も増えていった。


いや、正直に言おう。

若い頃は恋愛に身を焦がしたこともある。

それがすべてではないが、あれだけ家族最優先だったアメリカでの生活から一転、家にはほとんど寝に帰るだけのような日本での生活に、家庭というフィールドが揺らいでしまったのは事実である。そして妻は、そういう私の揺らぎに気づいていたのだと思う。

でもだからこそ、私は妻のため、子どもたちのために、出来る限りのことをしたつもりだ。

それでも、一度外れた歯車は、心地よく噛み合うことはなかった。様々な葛藤もあったが、私たちは何度も話し合い、最終的に結婚生活二十五年目にして離婚を決意した。

離婚を決めた時、彼女が言った言葉が、私は忘れられないのだ。

「もう、あなたを開放してあげます」

ポロッと独り言のように彼女はそう言った。

あの当時は、一体何を言っているんだ？　と軽く流したのだが、今にして思えば「あの言葉は、私の鏡で、むしろ私から出てきた言葉だったのかもしれない」と、そんなふうに思うのだ。

私たちは出逢い、子宝を授かり、素晴らしい人生の時を共に歩いた。だが、互いの役割が終わったのだ。

互いの人生にとって、必要な経験をすべて終えたから、だから「開放して」ほしかったのかもしれないと、今はそんなふうに感じている。

二人の子宝と、その孫たちを私に与えてくれた元妻は二〇一六年末に旅立った。長い闘病生活を必死に支えてきたのは、二人の娘たちだった。

カリフォルニアで働いていた次女は、母の生活と寂しさに寄り添うため、仕事を辞めて日本に帰国した。長女も同じくカリフォルニアにいたのだが、すでに二人の子どもの子育てをスタートさせており、帰国することは叶わなかった。が、マネージャーとしての仕事に身をすり減らしながらも、毎日、妹と母に言葉を送り続けた。そして休みが取れるたびに、子どもたちを連れて帰国し、母のケアを手伝っていた。

そして長女は母親が亡くなる時、突然のフライトだったにも関わらず奇跡的に飛行機が取れて、母と最期の会話をすることができたのである。

娘たちに見送られながら、元妻は生涯を閉じた。

私は二人の娘たちに最大の賛辞と感謝を贈る。

そして元妻が命の連鎖で私の人生を彩ってくれたことに、心からの感謝を贈る。

彼女と共に体験した人生における融合と分離、そしてそこからの学び。「第三のソリューション」は、もしかしたら、全く違う人間同士が出会い、子どもという第三の存在を生み出すために調和と融合を重ねていくエネルギー、そのものなのかもしれない。

宇宙の意思

私は常々、人類と宇宙の歴史のために必要であると判断されたものだけが、後世に残っていくと思っているし、それを決めるのは宇宙の意思だと考えている。宇宙の意思とはつまり、自我を超えたところで働く自分の意思だ。

そして、私のパートナーである星夜の口癖は「宇宙は常に完璧」であり、彼女いわく、この宇宙の完全性を完全に受け入れられた時、不安も恐れも何一つなくなるのだそうだ。

自分の人生を振り返る時、彼女の言葉が真実であることが分かる。絶対に外せない出会い。それは本当に、宇宙の采配、奇跡としか言いようのない決定的瞬間なのだ。


カリフォルニアの会社で仕事をしていた頃。カウアイ島で行なわれるセールスカンファレンスに行くため、アメリカから来ていた同僚と一緒に飛行機に乗り込んだあの日。

UA826便 成田発ホノルル行き。

運命が大きく動き出した。

私と同僚は横並びではなく、縦並びで座席についた。1Cが私で、2Cが同僚だった。

そして私の隣1Aはまだ誰も座っていなかったので、私は同僚にこう言った。

「隣に来ないか？　ホノルルまで話をしながら行こう。隣に人が来たら代わってもらうから」

真面目な同僚は「飛行機が飛び立って、その時に空いていたら行くよ。さもなければ隣の人に頼んでおいてくれないか」と言った。そこで私は、フライトアテンダントにその旨を頼んでおいた。


1Aの席は離陸寸前まで空席だった。ところが、フライトの直前、両手に買い物袋を下げた女性が入って来て、1Aの座席に座り込んだ。その時、彼女の持つ買い物袋が私の足にぶつかったが、気がつかなかったのか、意に介さなかったのか、チラリと私を横目に見ただけだった。

黒のシャネルスーツ。大きな存在感のある瞳。

彼女はまるで、今まさにハリウッドのロデオドライブで買い物をしてきたビジネスウーマンのように見えた。日本人離れした雰囲気で、声をかけるのをためらわせるほどの威圧感だった。

そして飛行機が安定飛行に入った時、フライトアテンダントが予定通り彼女に声をかけた。

席を代わっていただけないかという問いに対し、シャネルの上着を脱いでベルサーチのプルオーバーに着替え、リクライニングさせたシートですでに寛いでいた彼女は、シンプルに「NO」と答えた。

しばらくして食事の時間となり、周りの雰囲気も少し緩んだ感じになった頃、私は勇気を振り絞って彼女に声をかけた。席を代わってくれと頼んだのは私だったので、気まずい気持ちが残っていたからだ。

「すみません、後ろにいる同僚と機内会議をしようと思い、フライトアテンダントに席のことを私が頼んだのです。もし気に障られたのなら大変申し訳ありませんでした」

すると彼女は、見た目から想像するよりずっと柔らかな声でこう答えた。

「ごめんなさいね。要望に添えなくて。ハワイに着いたらすぐゴルフトーナメントに出ることになっていますので、休んで行こうと思いまして、窓際の席を予約していたのです」

私はまだ緊張感が残る声で「そうでしたか、本当に失礼しました」と言った。

そのあと少し、社交辞令的な会話が続いた。普通ならここで終わる程度の会話だった。ところが、私が仕事でカウアイ島に向かうと告げたところ「いろいろとご苦労もあるでしょうね」と言ってくれた彼女の言葉にとても柔らかな優しさを感じ、つい自分のことを話してしまったのだ。

「十九歳の時、アメリカに行きまして、それから日本とアメリカを行ったり来たりしてきました」

すると、彼女も若い頃からアメリカで過ごしていたと言うではないか。

「いつごろ、アメリカに来たのですか?」という私の問いに、彼女は「一九六三年の秋で、アメリカに着いて間もなく、ケネディ大統領が暗殺されてしまい、大変な国に来てしまったと思ったのですよ」と答えた。

私が渡米したのは一九六四年の夏だ。私はとても親近感を抱いた。そして会話は続く。

「あの頃、どうやって英語を勉強したのですか?」

「私には十六歳の時から、自分を息子のように可愛がってくれたアメリカのお母さんがいます。彼女が代々木公園のところにあったワシントンハイツに住んでいたので、彼女に教えてもらいました」

「え、その頃、私もワシントンハイツには行っていたのですよ」

「じゃあ、丘の上にあったオフィサーズクラブや映画館なども知っていますか? 三宮橋の側の独身寮のためのプールとか」

「もちろんです」

そこからの会話は、止めようがないほど盛り上がった。

富ヶ谷ゲート先の日本人従業員用の小さな食堂では、ラーメンが一杯三十円だったことなど、社交辞令で話を合わせているレベルでは到底分からないような内容に、懐かしさが込み上げた。

中でも私が興奮したのは、ワシントンハイツで行なわれたダンスパーティーの話題だ。ティーンエイジクラブのダンスパーティーはとても開放的で、当時、十七歳の高校生だった私にとって、そこはまさに憧れのアメリカそのものであった。

パーティーでは、ふわっと広がるペチコート付きのフレアースカート、スカートと同じ色をしたハイヒール、そして大きく開いた背中にポニーテールというスタイルの女の子がたくさんいた。中でも、ベティという金髪の可愛らしい女の子は男子の憧れの的になっていた。

私はそういうパーティーに、黒髪の似合う少し生意気な日本の女の子を連れて行きたいと思っていたので、何人か知り合いの女の子を誘ったのだが、あまりに日本離れした開放的な空気と、英語がしゃべれないというコンプレックスを感じさせてしまい、結果的にパーティーを楽しむことができなかったのだ。

そんな思い出話に花が咲いた。さらに会話を続けていると、驚くほど共通点があることが分かった。

なんと、私たちのアメリカでの移動時期、移動先は、冗談かと思うほど似通っていたのだ。同じような時期に同じような地域で学び、仕事をし、そして日本とアメリカを行き来していたというのだ。

あまりの懐かしさと親近感に、私の情熱も最高に高まった。そして私は当時を振り返り、こんなことを言った。

「あの頃、よくオフィサークラブで見かけた日本人女性がいました。彼女はいつも男性に囲まれていました。髪をキリっとかんざしのようなものでまとめ、タイトなドレスとピンヒールがとても似合っていて、カッコいい東洋人がアメリカに同化しているような感じでした。

自信たっぷりの話し方は、周りのアメリカ人たちをすっかり虜《とりこ》にしているようでした。

ある時彼女は、美空ひばりがジャズを歌っていた時のような髪型をしてきました。雰囲気もそっくりでした。

その時に着ていたピンクのチャイナドレスは一際目立っていて、高校生ながらに、私の理想とする女性はこの人だ！　と思ったのを覚えています。でも、雰囲気に圧倒され、とても近づけるような感じではなかったので、高嶺の花に恋するように心にしまっておいたのです」

飛行機の中は、顔の輪郭がうっすら見える程度の暗闇だったのだが、この時、彼女の瞳がキラッと光ったような気がしたことを覚えている。

この衝撃的なＵＡ８２６便での出会いから、私たちの人生は重なり始めた。そして、私たちが未来を共に生きることを決めるまで、そう時間は必要なかった。なぜなら、私たちは「出逢ってしまった」からだ。

今から五十五年前、ワシントンハイツで目にした「理想の女性」は、三十五年間のニアミスを繰り返しながら、ようやく私の前に現れたのだ。太平洋上の空の上で。

もしあの時、あの飛行機に乗らなかったら。

もしあの時、座った席が同僚と反対だったら。

もしあの時、彼女が席の移動に「ＹＥＳ」と答えていたら。

そしてもし、あの時、当時憧れていた女性の話題を私が口にしなかったら。

この出逢いが創造されたことが宇宙の采配でないとしたら、一体、なんだと言えるだろう。しかも、この出会いが奇跡だったということを裏付けるもう一つのエピソードがある。

いつもであれば彼女はＪＡＬ便を利用しているのだが、あの日は東京で作詞家のＹ・洋子さんと合同誕生日会を行ない、翌日ハワイで行なわれるゴルフコンペに参加するため、日帰りで東京・ホノルル間を往復する必要があったため、ＵＡ便を使ったというのだ。たまたま使ったＵＡ便で、たまたま隣の席に座り、私たちは出逢った。彼女との出逢いが、そこから先の私の人生に大きな影響を及ぼし、今に至る素晴らしい日々を与えてくれている。紀美が私と結婚してくれたことは、私の奇跡だ。

何より、私が教えているリーダーシップの原点である「リーダーとはサーバントであること」ということを私に叩き込んでくれたのは、彼女だからだ。

疲れてベッドに横たわる紀美の脚をマッサージしながら、男は、いやリーダーは、サーバントであるべきだ、ということを切々と思うのである。

My Dear KIMI

最愛の妻について少し話そう。

彼女の名前は、紀美・デール・小松という。

激動期の東京浅草に生まれ、家族を支えながら自力で英語を学んだのち、米国人の国際弁護士の事務所でオフィスマネージャー、筆頭秘書として働きながら、東京高等裁判所の同時通訳も務めていたという、パワフルこの上ない女性である。

最初の結婚でアメリカに帰化し、弁護士の夫と共にアメリカ、アジア、太平洋地域を飛び回り、多様な文化の中でチャリティー活動に邁進した。

こうした経験が、彼女の世話好きで思いやりのある人格形成に多大な影響を与えたのだと思う。

のちに、ハワイ・ホノルルで文文堂書店のオーナーとなったのだが、この文文堂書店は、日本人はもとより日系人のコミュニティセンターとして成長を続け、いつしか、人々が日本文化やしきたりを学ぶ場所として、また、アジア・太平洋地域からのビジターが集まる憩いの場として進化していったのだ。

様々な奉仕活動をしているが、中でも、日本語が通じるクワキニ病院のために、長年にわたり基金づくりのため尽力した功績は大きく、自ら企画、演出、そして出演までしたチャリティショーは、ハワイと日本を結ぶ大きな役割を果たした。

日本の伝説的な女性歌手のM・ひばり氏、国民的有名歌手であるI・裕次郎氏、作詞家のA・悠氏やY・洋子氏、作家のW・淳一氏、そして世界的に活躍しているビジネスリーダーたちが、彼女を慕ってハワイに足を運んだ。

紀美の人脈の広さは驚愕に値する。

そして紀美は、今なお、女子部会長を務めるミッドパシフィックカントリークラブで、日々、素晴らしい仲間たちとゴルフを楽しんでいる。

彼女の明るさ、強さ、決断力と潔さ、そして限りない優しさと思いやり、そのすべてが私を私として存在せしめていると言っても過言ではない。彼女のいない人生など想像できない。

私の人生は、紀美とのパートナーシップによって、完成されたのだ。

彼女との出会いが、Naked Core（真我）の繋がりだと確信できたエピソードがある。

まだ出会ってから数ヶ月の頃だった。

初めてハワイで一緒にゴルフをしていた時、向かい風に向かってショットを放った私の目に芝生のかけらが入ってしまったことがあった。

すると彼女は「どれどれ、見せてごらん」と言って、なんのためらいもなく私の目を剥《む》いて、そのゴミを舐《な》めて吸い取ってくれたのだ。

それは、私がまだ幼少の頃、母がしてくれた行為そのものであった。これこそ無条件の愛だと感じた出来事であった。

当時の彼女は、社長業をやりながら公共的な奉仕をし続けているキャリアウーマンであったから、一見、強く厳しそうに見えたりもするのだが、ところがどっこい、下町育ちで人間味溢れるパッションの人なのである。

お叱りを覚悟でおのろけ話をもう一つ。

仕事で東京とカリフォルニア間をホノルル経由で往復していた時のこと。ハワイの空港の搭乗口まで見送りに来た彼女は、私の乗る飛行機が海沿いの滑走路から飛び立つ時、手を振って見送りしたいからと、私にA側（窓際）の席を取るように言った。

そして彼女は、急ぎ搭乗口を後にすると、滑走路側のLagoon Driveまで車を飛ばし、離陸する飛行機に乗っている私に向かい、思い切り手を振って見送りをしたのだ。

それはまさに一瞬の出来事だ。お互いに集中して相手を意識していなければ、瞬時に見失ってしまう。だが、私たちにとっては再会を約束する大切な儀式であった。

還暦を過ぎても、高校生のカップルがやるようなことを、ごく自然にやってのける人なのだ。

人間はNaked Core（真我）をそのまま出すことで、自由自在な喜びを体感することができるのである。

この素晴らしい女性、紀美との出逢いが、私の人生の最も重要なドットだと言っても過言ではない。

彼女との出会い、彼女と共に歩む人生には、私が提唱しているリーダーシップのすべてを構築するきっかけとなった、深く大きな学びが溢れている。

まさに宇宙の意思の法則、そのものと言えよう。

さて、私はおのろけ話をしたかったわけではない。あ、いや、二人の関係性を自慢したかった気持ちが少しはあった、かもしれない。

いずれにせよ「融合の時代を創るために必要な意識はパートナーシップである」ということを伝えたかったのだ。

それは男女や夫婦など、異性との関係性に限ったものではなく、ビジネスはもちろん、趣味のサークルその他、すべての創造的エネルギーを上昇させる場面でのパートナーシップを指す。

互いのコア、哲学や未来への想いを共有し、そこから与え合うことでwin-winとなる誠実な関係性を育て、新しい何かを生み出すために、見解が違う場合は第三のソリューションを活用し、そのすべてにおいて奉仕の精神で地球や宇宙、未来の子どもたちのためという意識で動く時、そこで関わりあう人たちとの関係性は、最上級のパートナーシップと言えよう。

私たち日本リーダーシップ協会におけるメンバーシップは、まさにこの記述通りだと、誇りを持って断言する。その素晴らしい具体例を一つ紹介したい。

MOMO（梅田文有代《ふゆよ》）

私たちの大切なスタッフとして日本リーダーシップ協会に参加しているＭＯＭＯこと、梅田文有代氏は、MS Mother Ship のプログラムを一番最初に受講した記念すべき第一期生である。彼女は、星夜との出会いがきっかけでプログラムを受講することになった。

もともと私が展開してきたリーダーシッププログラムは、企業の社長や実業家、プロジェクトリーダーなど、ビジネス界の最前線で働く人を想定して進めることが多かったので、彼女のような専業主婦に近い女性たちから「もう少し私たちのような立場の人も受講しやすい形を作ってほしい」と言われていた。特に、韓国でプログラムを展開した際には、そうした要望を数多くいただいていたのだ。

だから私は、星夜という新しいパートナーを得て、ＭＯＭＯが最初の受講生として登場したことを心から喜んだ。これまでの課題が一つクリアになると期待したからだ。

そして、星夜にとっても初めての受講生だったので、彼女がＭＯＭＯをファシリテートすることで講師としての進め方を学べるようにと、舵取《かじと》りのほとんどを星夜に任せた。

星夜も、彼女なりに自分の経験を駆使し、かなり上手にファシリテートしていたのだが、一つ想定外だったのは、その進行速度がこれまでのビジネスパーソンたちが繰り広げてきたようなテンポの良い進め方ではなく、非常にスローリーなものになったことだ。

そこで私は星夜に「やり方が丁寧過ぎる」と何度かアドバイスをした。それは、丁寧過ぎるがゆえに、受講者の可能性を抑え込んでしまうのではないかと懸念したからだ。

ところが、私がアドバイスする度に星夜は「ＭＯＭＯが本当にこのプログラムの価値を実感して、完成度の高い学びを進め、私たちと絶対的な信頼関係を築くためには、ここは急いではいけない」と主張し、徹底的にＭＯＭＯの学びに付き合ったのだ。

あの時も私たちはずいぶんと意見交換した。

星夜はあの時、こう言っていた。

「ＭＯＭＯが本当に開花して輝き出したら、彼女の影響力で素晴らしい展開が広がる」と。

プログラムを受講する前のＭＯＭＯは、非常に自己肯定感が低く自分に自信がないがために、人と関わることへの恐怖感を心の奥底に抱いているかのようだった。

その彼女が、一つ一つ、人生の出来事とその意味を解きながら、本来の自分に辿り着き、あるがままのNaked Core（真我）を掴んだ時、彼女の魂は軽やかに開放され自由になり、素晴らしい笑顔が花開いたのだ。心からの笑顔は最高に美しかった。

彼女がコアを掴んだ時のことを、私は忘れない。

なぜなら、ＭＯＭＯが受講していた時期は、私が身体の異変を強く感じ、本書の冒頭に話したような不安と恐怖、苛立ちを感じることが多くなったのと、まったく同じ時期だったからだ。

そしてMOMOが、彼女のコアである『優しさ・笑顔・調和・繋がり』に辿り着いた時、素晴らしいエネルギー循環が起こった。

彼女がコアを掴んだがゆえに生まれた優しさに満ちた時間が、私の心を救ってくれたのだ。

MOMOは、愛情に満ちた美味しい料理で私をもてなし、エネルギーの高いサプリメントを提供し、アロマタッチケアを施し、私の身体と心を優しさと笑顔、愛で満たしてくれたのだ。

それ以来、MOMOの存在はいつでも私を癒し、慰め、温かい気持ちで満たしてくれている。そして、そこからまた素晴らしい奇跡の連鎖が生まれていく。

MOMOの家族は、旦那とトイプードルが二匹。これまでも二人で、様々な経験を乗り越えてきた。迷い悩み、心を患うなど、辛く苦しい時期もあった。

二人そろって薬剤師なので、会話も理系的、論理的なものが多かったようだが、二人と二匹の家族だからこそ、互いを思いやり、家族を大切にするという意識は高かったそうだ。

家族の幸せを大切に考えてくれるのは有難い、でも――。

ＭＯＭＯは、旦那が「一般社会の常識」と言われるものや固定された価値観に縛られ、窮屈な生き方をしていると感じていたので、もっともっと、自分の幸せのために、時間と心を自由に使ってくれたらいいのにと、そう願っていたのだ。

そんな旦那が少しずつ変化を見せる。

FUJI（梅田富士雄）

MOMOがMother Shipに出会い、私の著書『人生の縦糸Naked Core』（ミライビジョン出版）や『自分のルールの作り方』（フォレスト出版）、星夜の著書『フェアリーフィル いのちの秘密』（文芸社）や『JKと7人の神様　宇宙を紐とく螺旋の秘密』（グッドタイム出版）を読んだことで、旦那である富士雄氏もそれらの本と出会ったのだ。

もともと、学習意欲も自分を高めることにも関心が高かった富士雄氏は、これらの本の本質的なエネルギーをすぐに掴んだ。そして私と星夜に興味を持ってくれたのだ。

MOMOの自宅へ星夜と一緒にお邪魔した際、富士雄氏に会うことができたのだが、その日のことは鮮明に覚えている。

なんと富士雄氏は、男性には珍しい和装で私たちを出迎えてくれたのだ。落ち着いた風合いのその着物は、彼にとてもよく似合っていた。

私たちは、初めて会ったにも関わらず、互いのコアに触れる魂の話や宇宙の法則、エネルギーから世界情勢まで、深く広く語り合ったのである。非常にエキサイティングな楽しい時間だった。

そして二〇一八年七月現在、富士雄氏は富士さんというニックネームで、私たちMS Mother Ship のプログラムを受講している。彼の開花と進化に、星夜は「鼻血が出るほど」感動しているそうだ。

彼が掴んだコアとそこから生まれたビジョン、生き方を少しだけシェアしよう。

彼の Naked Core（真我）をまとめると『家族と輝き、家族と活きる。最高の家族平和のエネルギーによって、世界平和、宇宙平和に貢献し、それを楽しむ人間』である。

そのコアを使い、薬剤師として人々の健康に貢献しながら、自身の自己価値の高さを活かして真の健康という意識へ導く活動をする、というステイトメントを打ち出した。

富士さんのエネルギーの爆裂は、会社内での人間関係や仕事において、すでに素晴らしい変革を起こしている。彼のコアから来る輝きが周囲を動かし、思い描く理想的なものへと現実を変化させているのだ。

富士さんは、私たちが出会った当時を振り返り、こんなことを話してくれた。

「MOMOが何かを学び始めたことは知っていました。当時の私は、彼女が楽しく幸せに過ごしていればそれで良かったのです。だから特別、関心を向けることもありませんでした。もともと、いろいろなことにチャレンジして新しいことを学ぶことが大好きな人でしたから。

ところが今回は、いつもの「体験学習」とは何かが違っていたのです。そう、あれは覚悟でした。そして私は、彼女が僕たち家族のために志を貫く覚悟を決めたことを理解した時点で、自分もこのプログラムに出会うのだろうと、確信しました。

私が体験しているすべては、彼女の行動力のおかげです。自分は、彼女の遠心力や求心力に引っ張られて、素直さを取り戻しただけのこと。

そして今、改めて思うのは、あの頃MOMOが何気なく机に置いていた本や動画を、勝手に学び始めた自分の直感力と行動力に、感謝したいということです。

『無知は罪であり、知ろうとしないことはさらに深い罪である』（アルフレッド・アドラー）

MOMOは昔からこの言葉を知っていたかのようです！　この言葉から、私の覚醒が始まりました。

家族の価値や、自身の価値観の在り方を目覚めさせてくださったマーク先生と星夜さんには、宇宙規模の感謝をしています。Mother Shipチームの皆さんのおかげで、毎日が信じられないほど楽しくご機嫌でいられます。ありがとうございます」

受講生からこんなに喜びに満ちたメッセージをもらえることほど、嬉しいことはない。

私が人々の成長に関わる仕事を続けてこられたのも、こうした喜びの連鎖があったからに他ならない。

さて、こんな梅田家で大切にされている名言がある。それは『アホと素直と行動力』というものだ。

この名言を大切にしながら、彼らは素晴らしいパートナーシップのもと、日々、笑顔溢れる生活を送っている。

ちなみにこの名言『アホと素直と行動力』は、ＭＯＭＯが初めてスタッフとして関わったプログラム受講生に、非常に強い影響を与えた。その受講生のコアと生き方は、この言葉から大きく花開いていったのである。

梅田家の二人は、互いに影響し合い、刺激しながら学び合い、高め合い、互いにとってますます必要不可欠な存在へと成長し合っている。最高に美しいパートナーシップのお手本として、これから関わる人々に道を示していくことだろう。

このような繋がりを思う時、星夜が言っていた「ＭＯＭＯの開花から素晴らしい展開が広がる」ことが、本当にその通りになったことを認めざるを得ない。何事も、宇宙が用意したステップアップがあり、一段飛びの成長は有り得ないのだということを、改めて思う。

出会い

星夜がもたらしてくれた縁で、もう一つ、ぜひシェアしたい出会いがある。株式会社Be-Wealth 代表取締役社長の渡辺優氏だ。彼は数年前、とあるビジネスをきっかけに星夜と出会ったのだが、星夜いわく『優さんのエネルギーの透明度は半端ない！』のだそうだ。

少し余談になるが、星夜はよく「エネルギーを読むのが得意だ」と言う。出会った当初、私は正直なところ、その意味がよく分からなかった。しかし今では、彼女が「エネルギーを読む」と言うことの意味を私は十分に理解し、その力を信頼している。

そして初めて、渡辺優氏とゆっくり話をした時、星夜の言っていた意味がすぐに分かった。渡辺優氏は、まさに、宇宙の原理原則、そのままに生きているような人だったからだ。

彼自身、二十代で「人生の同時多発テロ」と表現するほどの凄まじい荒波を経験し、人生のどん底から一冊の本との出会いで大反転。今では月収七桁を稼ぎ出す、非常に人気のある健康コンサルタントとして活躍している。彼の周囲との関係性は、美しいタペストリーのようなパートナーシップで満ちている。

私は、彼との出会いによって、とても多くのことを学ばせてもらった。一番強烈に印象に残っているのは、彼が私たちのMVL（Milai Vision Learning）で講演してくれた時に語っていた言葉だ。

『呼吸をするように愛と感謝を循環させることが大事なのです。吸う息は感謝。吐く息は愛。どちらか片方では呼吸困難に陥ってしまう。愛と感謝、宇宙はそれだけで出来上がっている。だから私たちの意識をどの次元に合わせ、なにを宇宙にオーダーするのかが大切なのです。

愛と感謝の意識で自分の立ち上げたい宇宙をイメージし、言葉にする。そしてあとは、手放すことです。どうせ叶う、宇宙は完璧なんだから、という軽やかな意識で、ただ愛と感謝を循環させること。それが大切です。』

彼から学んだこの感覚は、私が今、自分の身体の細胞たちに語りかける時、非常に役に立っている。呼吸するように自然に、愛と感謝を自身にも送ること。その大切さを教えてくれた渡辺優氏に、心から感謝している。

そして、細胞に語りかけると言えば、忘れてならないのが冒頭にも登場した長岡美妃先生である。

現役医師である彼女は、病に向き合う身体についてこんなふうに述べている。

『自分の外にある高価な治療薬や技術が脚光を浴びる昨今であるが、自然が与えてくれた身体は本来とてつもなく秀逸な治癒装置を兼ね備えている。

自然療法を学んでからは尚更、自然というものに備わっている、特に身体に備わっている力に感嘆するばかりである。

尿療法然り、脳幹活性然り、腸内フローラ然り。すべて自分たちが元々持っているものである。治癒力とは、そもそも自分たちが持っている力を活性化することによって自然と起こるものだ』

また、彼女は食養を伝える八十歳の若杉ばあちゃんの言葉をこんなふうに紹介している。

『健康になりたかったら野草を食べなさい。そこらの草は水一滴やらなくったって天の恵みで生えている。天界からまっすぐきたものが、ほんものの体をつくってくれる。そこから本当のものが見えてくるし、世の中のことも見えてくる』

私は、この「天界からまっすぐきたもの」という言葉に真理を感じる。

それは、自然療法にも通じるのだが、幾層にも重なる様々な密度のエネルギーで成り立っている人間の身体は、すべて、宇宙というフィールドから派生するエネルギーに繋がっているからだ。その中で目に見えるのは物質の身体のみなので、それがすべてだと思いがちである。

だからこそ、これまでの西洋医学は物質的な治療にばかり照準を合わせていたのだ。ゆえに、化学物質の薬剤が大量投与されてきた。

しかしそれらは、物質レベルの身体に効くことはあっても、エネルギーフィールドすべてに効果があるわけではない。だから完全な治癒に至ることが難しかったのである。

美妃先生が、物質レベルの治療ではなく完全なる治癒を目指し、意識から変革を起こそうとしていることに、私は心からの敬意を表する。そして彼女は問うのだ。

『病とはどこから来るのか？　すなわち、細胞はどこから影響を受けているのか？　物質次元はどこに従うのか？』と。

そしてそれに対する見解を、こんなふうに結んでいる。

『As above so below (下にあるものは上にあるものの如し)。

上位次元が下位次元に影響を与える。感情体に負った傷が浸透し、物質レベルの体に影響を与えた姿が病である。

ならば治癒を促すものは概念物質ではない。若杉ばあちゃんが言うように「天界からまっすぐきたもの」こそが、物質レベルの体を貫き、気を貫き、感情体に到達し、そこに負っている傷を癒すのだ』

（二重カッコ内すべて長岡美妃先生の Facebook 投稿より引用）


そう、私たちは、西洋と東洋の医療、医術が融合する時代の立会人なのだ。

こんなふうに医学的見地からも、宇宙の完全性を感じさせてくれる美妃先生の導きにより、私は日々、自身の細胞たちと会話し、治癒への道を歩むことができている。

改めて、心からの感謝を美妃先生に贈りたい。


これまでもたくさんの生徒たちと出会い、素晴らしい経験をさせてもらった。そうした中で星夜に出会い、Mother Ship が生まれた。そして彼女からのご縁でＭＯＭＯや渡辺優氏に出会い、そして美妃先生に出会った。

宇宙が、無限の空間において、無限に思える惑星や銀河と調和しながら存在しているように、地球もたくさんの生物がそれぞれに役割を持ち、調和の中で命を繋いでいる。

星と宇宙のパートナーシップであり、地球と月のような星同士のパートナーシップでもある。

そして人間の身体は、数兆個の細胞がハーモニーを奏でながら、臓器やその他様々な機能を動かしている。

細胞たちのハーモニー、それも一つのパートナーシップではないだろうか。

すべてが調和という美しいエネルギーのもと、それぞれの特質を活かしながら、融合と分離を繰り返している。

人もまた、必要な人と出会い、必要なエネルギー交換をしながら、それぞれのNaked Core（真我）を輝かせていくのだろう。

人は出会いによって気づき、出会いによって磨かれ、出会いによって生きるのだ。

こんなことを改めて思う時、今私に溢れてくるものは、愛と感謝以外、何があるだろうか。

それらすべてに通じるパートナーシップこそ、愛と感謝で繋がる『宇宙』という意識の根源なのかもしれない。

奇跡を起こすもの

さて、Naked Core（真我）からスタートした人生の旅路は、たくさんの経験と学びをもたらし、日本から世界へ、そして宇宙という大きな意識へと私を導いた。

そして今、巡り巡った思いが戻ってくるのは、始まりの場所『Naked Core（真我）』なのだ。まさにトーラス。繰り返される永遠の学びのサイクルである。

最後に、魂というものについて考えてみようと思う。

最愛の妻、紀美の姉の夫は、度重なる脳梗塞で何度か倒れたのだが、入院中、意識も戻らず、医師からも「もうこれ以上できることはありません」と宣告されてしまっていた。義姉さえも諦めていた時だった。突然紀美は、義兄Willieの目を開けてこう言ったのだ。

「Willie, Kimi is here. Look at me! If you can hear me, squeeze my hand! Do you hear me! Willie, wake up, squeeze my hand.」

するとその時、Willieは紀美の手を微かに握り返したのだ。その手の感覚を受けて、紀美は語りかけ続けた。

それはまさに、彼の魂への呼びかけのようだった。そしてその時点から、医師たちが驚くほどの回復を見せ、退院することができたのである。そして彼はその後、二年間も命を繋いだ。

もう一つ、紀美と魂にまつわる出来事がある。

私のコンサルティングクライアントの中で一番大きな企業の会長ご夫妻が、休暇でハワイに来ている時のことだ。

会長は、日本を出る前から気分が優れなかったそうで、かかりつけ医から「お風邪の影響でしょう」と言われ風邪薬を渡されていた。

ハワイの澄み切った空気と穏やかな環境で大好きなゴルフに興じ、気分も良くなり、ご機嫌で夕食を済ませコンドミニアムに帰って間もなくのこと。

普段、穏やかな話し方をする会長が、いつになく強い命令口調でこう言った。

「気分が優れない。明朝一番の飛行機で帰る。すぐに飛行機を予約してくれ」と。

社員なら即、翌日の朝一番の飛行機を手配していたと思う。

ところが、会長の様子をじっと見ていた紀美は、毅然としてその要求を断りこう言った。

「飛行機は何時でも取れますから、明日朝一番に病院で検査をいたしましょう」

紀美は、会長の表情から、彼の身体に起こっている異常事態を見抜いたのだ。

ところが会長は、猛然と言い返した。

「皆さんは私の頭痛がどれだけひどいか分からないのか？　明朝一番に飛行機を手配してくれ！　日本の医者に診てもらいたいのだ！」

普段の穏やかな会長の人柄からは想像できないような剣幕であった。しかし、紀美は折れなかった。会長をこのまま飛行機に乗せたら命が危ないと、彼女は感じ取っていたのだ。


翌朝、私たち夫婦は丁寧にお願いしながら、でも半ば強制的に、会長を病院にお連れして緊急検査を受けてもらった。

結果、ＣＴ検査で脳内に異常ありと判明し、そのままＭＲＩ検査へと進み、脳内の動脈瘤《りゅう》から出血が始まっていることが判明した。

その後、ハワイで一番の病院に転院し、頭蓋骨を開かなくても最先端の医療技術で、足の付け根から動脈を通して動脈瘤からの出血を処置することができたのである。幸運なことに、たまたまその処置ができる医師がその場にいたのだ。

結果、なんの後遺症もなくお元気に退院されて、その後約十年、存命された。もしあの時、会長命令に従い、飛行機を手配して日本に向かっていたとしたら、どんなことになってしまったか想像にかたくない。

これぞ、リーダーシップの中で私が強く提唱している「リーダーは人々を行きたいところに連れて行く。優れたリーダーは時として人が行きたいところでなく、行くべきところに連れて行く」ということを実証した最高の例だと思う。

こうしたリーダーシップを発揮することができたのは、彼女が常にNaked Core（真我）から生まれる感情に素直でいるからだと、私は思うのだ。

Naked Core（真我）、すなわち魂で人と出会い、魂で人と付き合うという姿勢が、こうした奇跡を呼び起こすのだろう。

紀美に対して感じる限りない愛と安らぎは、彼女の魂が、母と重なるからかもしれない。

MS Mother Ship

さて、『MS Mother Ship』について話そう。

私にとって「Mother Ship」という言葉は、二人の母たちの慈愛を表す言葉である。

アメリカの母クリスティーンさんは、十六歳の時に出会ってから、文字通り生涯をかけて、私にNaked Core（真我）に繋がる愛を示してくれた。

彼女の口癖は、「Mark, Write me your letter wherever you are.」であり、私はそれを続けてきた。

長い月日が流れ、いくつかの身体の変化を乗り越えてもなお、初めての出会いの感情は風化することはなく、いつも私を息子として扱ってくれた。

最愛の妻、紀美とハワイで結婚式を挙げた時、私の実母も紀美のお母さんも残念ながらすでに他界していたので、出席していただくことは叶わなかったのだが、独り身でコロラド山脈の中にあるケアセンターで老後を過ごしていたクリスティーン・バイオレット・リードさんは、はるばる杖をつきながらも出席してくださったのだ。

そして教会では、私サイドの代表として最前列に座り、式の一部始終を見届けてくれた。

Reception では、私たちの God Mother として堂々と、全員の前で「Now I know why

Mark married you. You are the one I approve.」と紀美を抱きしめながらそう言った。
それはまるで、私たちそれぞれの実母に代わり、母の言葉を代弁するかのような輝かしさだった。

それから数年後、ゴルフ仲間とラスベガスに遠征中のこと。リード家の娘、Judy から突然電話が入った。

「Mark、お母さんはあれから認知症にかかり、私のことさえすっかり分からなくなってしまいました。もう、いつまで生きられるか分からないので、一応あなたには知らせておきます」

それを聞いた直後、私はすぐに飛行機を予約してコロラドスプリングスまで飛んだ。そして Judy に案内を頼み、コロラド山脈の南部にあるケアセンターに連れて行ってもらった。

その時、奇跡が起きた。

センターに着いた私を見るなり、アメリカの母は、「You are my son.」と言って私を抱きしめてくれたのだ。それは永遠にも思えるほど長い時間だった。

そして私たちはしばらく手を取り合い、語り合いながら一緒に時間を過ごした。

やがて私が帰る時間になった時、アメリカの母は、いつまでも、いつまでも、私の姿を見送ってくれた。なだらかな坂の上で私に手を振るクリスティーンさんの姿が、今でも私のNaked Core（真我）の中に焼きついている。私にMarkという名前をつけたアメリカの母の姿だ。

次に、日本の母の話をしよう。私は生涯でたった三回しか母の涙を見たことがない。

一度目は高校卒業を間近に控え、就職もせずアメリカへ行きたいと言った時。二度目はアメリカ留学のため、港から旅立つ私を波止場で見送った時。そしてこれが三度目の話である。

いつも前向きだった母は、どんなに貧乏をして辛いことがあっても、常に肯定的な考え方で物事を捉えることを、私に教えてくれた。

「くよくよしても良くならないことに、いつまでもとらわれてはいけません。くよくよせず前に進みなさい。前だけに答えがありますよ」

戦後の混乱の中、若くして夫と死に別れた母であったが、いつも私にどれだけ父が親切で優しく、思いやり深い人であったかを話してくれていた。

嬉しそうに母が語る父の存在が、温かな想いと共に私の潜在意識に深く刻み込まれたことは間違いない。

元気だった母が脳内出血で倒れて、昏睡状態となってから六ヶ月目。一九九一年四月二日。私が四十六歳の時。

あの日、私は、意識の戻らない母に魂で話しかけ続けた。

幼少の頃から母が話をしてくれたことを思い出しながら、私は母と静かに語り合っていたのだ。そして誓った。

『お母さん、お母さんがお父さんと一緒にしたかったことを、私が受け継ぎます。私の代でできなかった時は、私の子どもたちが、そして孫たちが受け継いでいきます。お母さん、安心してくださいね。お母さんの命は、私がしっかりと受け継いで生きていきますから』

するとその時、六ヶ月もの間、一度も開かなかった瞳が突然開き、滝のような涙が両方の目から流れ出した。それは本当にドバッという感じで流れ続けたのだ。

私は一瞬、母が意識を取り戻したのかと思い喜んだのだが、しかしそうではなかった。やがてその涙は少しずつ量を減らし、止まっていった。

そしてまた静かな眠りについた。


母は、それから約六時間かけて、ゆっくりと身体の機能に終わりを告げていった。まるで木の葉が枯れていくかのように。

やがて呼吸が止まり、命の最期の時を告げた。

医師が「ご臨終でございます」と言った。

近くで見守っていた親戚の人たちは、にわかに慌ただしく動き出し、葬儀の話などを始めていたようだった。

しかし私は、あの涙の時からずっと、母と魂で会話し続けていた。母との最期の別れを、ただ静かに過ごしたかったのだ。


すると突然、母の眉間がペコペコと動き始めたのだ。

それは五円玉くらいの大きさで、脈打つように振動を続けていた。まるで鼓動のようだった。驚いて見入っていると、そこからふわっとしたものがゆっくりと出てきたのだ。

やがてゆっくりと鼓動は少なくなっていき、消え入るように止まった。


あとから聞いた話によれば、これは「順応応伝」と言われるもので、魂を形にして見せてくれたものだそうだ。

その話を聞いた時、私は「やっぱり！」と思った。

いつも無条件の愛を注ぎ続けてくれた母が、最期に私に残してくれた愛の形、それが自分の魂を見せるという行為だったのだと確信していたからだ。


魂は普段、目には見えない。私の経験したようなケースは、おそらく非常に稀なことなのだろう。

だが、私は断言する。

魂は存在するし、愛を媒体としてそれを感じようとすれば、必ず見えるということを。

誰しも愛する人がいる。愛する人を亡くすことは、心を引き裂かれるほどに辛く苦しいことだ。

それでも人は命ある限り前を向いて生きていくものなのだ。

だからこそ、平安な気持ちで穏やかに、幸せに生きたいと、人は願うのだ。


私たちMS Mother Shipの一番大きな理念、それは「世界平和」である。世界平和とは、誰かが達成してくれる大き過ぎる夢ではなく、自分たちが足元から一つ一つ創っていくものだ。

星夜は、いつもこう言っている。

「世界中、どこを探したって、自分の子どもを戦場に送るために産んで育てる親なんて、絶対にいない！　子どもが誰かと争い、誰かの命を奪ったり、誰かに命を奪われたりすることを望む親なんて、絶対にいない！　だから命を奪い合うような争いはあってはならないのです！」


本当にその通りだと思う。

私は母の慈愛一筋で命を繋がれ、生きることができた。
親とは、子どもを守るために、喜んで自分を犠牲にするものだ。無条件の親の愛を自分事として捉えること。そして自分と同じように、他の人にとってもその子どもが、無条件に愛しいものなのだと理解すること。
そうすれば、争うことは何の喜びももたらさない、ということが分かるだろう。
さらに言えば、こうしたことは、親とか子どもとか、血族による繋がりだけを指す話ではない。魂で繋がる心の家族にとって、誰が生んだ子どもか、誰の血が流れているか、などということは大きな意味を持たない。

意識である。何をどう認識し、意味づけするかという人間の意識だけが、本当に世界を変えていく力を持っているのだ。

「Truth be told.」

真実はここにある。

私を守り育ててくれた実母と、私に夢と希望を与え導いてくれたアメリカの母クリスティーンさん、この二人が言葉の壁を超えて魂で繋がり合い、私という一人の若者の未来を想い、涙して感謝し合ったあの日。

星夜とMS Mother Shipを立ち上げる時、私のNaked Core（真我）から「Mother」という言葉を導いたのは、あの時のシーンだ。

「Mother」、子どもを愛し慈しみ守り抜く存在。それは、星夜が最も大切にしている「母親業」であり、彼女自身を表す言葉である。

そして何より、「母なる海」「母なる大地」「母なる星」と言われるように、地球にとっても宇宙にとっても、Motherとは命の源そのものなのだ。

私たちは出会い、魂を通わせながら、Motherという言葉で共通の夢の土台を認識した。

MS Mother Shipはこうして生まれたのだ。

地球人として生きる

デンマークの旅行会社「Momondo」が行なった驚きのDNAの実験調査がある。「The DNA Journey」というこの調査は「Let's Open our World」というプロジェクトの一環として企画されたもので、各国大使館とも連携しながら、世界規模で行なわれたものなのである。

自分は純粋な○○人だ、という人たち六十七人を対象にDNA鑑定をしたところ、そのすべてにおいて、様々な国と地域のDNAが含まれているという結果が出た。

この結果が示すことは、純粋な○○人などいないし、どこの国に住んでいようと、ルーツはみんな「混ざり合っている」という意味において一緒だ、ということなのだ。

そう、私たちは『地球人』なのだ。

フェイスブックを創り上げたマーク・ザッカーバーグ氏も「私たちは世界市民だ」という表現をしている。

もう小さなカテゴリーで自分たちを括《くく》り、どこに住んで、どんな言葉を話し、どんな宗教を信じるかによって分離させる時代ではないのだ。

アルバート・アインシュタインはこんなふうに言っている。

「平和は力では保たれない。平和はただ、分かり合うことで達成できるのだ」

彼は、言わずと知れた二十世紀最大の物理学者であり、徹底した平和主義者だった。第一次世界大戦中は、あの有名な「二％の人間が兵役拒否すれば、政府は戦争を継続できない。なぜならば、兵役対象者の二％の人数を収容する刑務所を保有していないからだ」という主張を繰り返していた。

ところが、ヒトラーによるユダヤ人排他運動の煽《あお》りを受け、家を奪われ、著書を焼かれ、自らの命に危険を感じた時、彼は一転、戦争の正当性を訴え始める。

正当な理由なく危害を加えられ、暴力によってのみそれを防げるという極限状態になった時、家族や大切な人を守るという自衛のため戦うという選択を正当化したのだ。

そして彼は、アメリカ大統領に核爆弾の開発を進言する手紙にサインもした。

当然、ヒトラーに対抗することを意図したものだった。

ところが、歴史は彼の思惑通りには動かなかった。あろうことか、アメリカが開発した原子力爆弾は広島と長崎に投下されてしまったのだ。

世界一美しいと言われる数式「$E = mc^2$」は、原爆と原発のタネとなってしまった。

戦後、日本を訪れたアルバート・アインシュタインは、被爆者の遺族に、涙ながらに詫びたというエピソードもある。自分の発見した方程式が人類を破滅させる可能性を秘めていることに気づいた時、彼はどんな思いを抱いたことだろう。

「成功という理想は、そろそろ奉仕という理想に取って代わられてしかるべき時だ」

これもまた、アルバート・アインシュタインの言葉である。

私たちはもう、物質的成功という小さな価値観から卒業する時を迎えているのではないだろうか。

私たちはみんな、世界市民であり地球人だ。

だからすべての子どもたちが未来そのものであり、大切な人類の宝物なのだ。

私たち大人は、美しい平和な地球を未来に繋ぎ、子どもたちに安心安全な生活環境を手渡さなくてはならない。そのために、争わないという選択ができる、真のリーダーを育てていく必要がある。そして、そうした子どもたちを育てられる大人を増やしていく必要があるのだ。

誰もが、愛と感謝のエネルギーの連鎖により、温かく守られ、愛され、喜びと共に笑顔溢れる人生を送る権利がある。

MS Mother Ship Dignity ～母なる星、Mother earth の尊厳愛として、私は、魂で繋がれる心の家族を一人でも多く増やしながら、喜びに満ちた人生を送りたいと願っている。

私が人生の旅路で紡いできたこのストーリーが、あなたの温かな愛、その Naked Core（真我）に響き、あなたの人生を輝かせるために役に立つことができるなら、こんなに嬉しいことはない。

最後に、私にとっても指針となっている大好きな言葉をシェアしたい。

「他人のために尽くす人生こそ、価値ある人生だ」

エピローグ

愛と感謝 〜Love And Gratitude

エピローグ
愛と感謝 ～Love And Gratitude

今、世界は間違いなく「融合」の時代に入っている。

二〇一八年六月、西洋医学の精密な最先端技術のおかげで、無事、私はがん細胞と別れを告げた。日本ではまだ、保険治療として認められていない、最先端ロボット手術の恩恵を受けることができたのだ。

このロボットによる手術は、人間の手で行なう手術より、はるかに精密だ。一切ぶれることのないその技術で、複雑に変質してしまった細胞たちを、他の健康な細胞からきれいに引き剥がすことができる。細胞への余計な負担がかからない分、術後の経過もすこぶる順調で、想像以上に早く回復することができた。

そして今、東洋医学の叡智《えいち》を取り入れながら、自然療法による治癒の道を着実に歩んでいる。

自身の内にある治癒力を最大限に引き出すべく、私は、新しく生まれ育っている愛しい自分の細胞に毎日話しかけている。

この自然治癒というプロセスを推奨し、治療から治癒へというコンセプトで活動しているのが長岡美妃先生だ。美妃先生は私の心と細胞に併走するように、アドバイスと励ましの言葉を贈り続けてくださっている。

そして彼女との繋がりからご縁のあった五内川《ごないかわ》浩代《ひろよ》さんは、自身も大病からの治癒を自らの治癒力で成し遂げた方で、その経験を伝えるために、わざわざ岩手県花巻からハワイへ、お嬢さんと共に私に会いに来てくださった。

五内川さんは、「子育てこそ二十四時間三百六十五日、無休で無給の最も尊い仕事である」という意識で、命を育むことに最大の誇りを持っている素晴らしい方なのだ。

そして、本書で紹介している母の慈愛そのものに、自身を治癒へと導いた自然食品や愛情を、惜しむことなく私に与え続けてくれている。

美妃先生、五内川さんとお嬢さん、そして私の健康のために祈ってくれる魂の仲間たちのおかげで、私の身体と心はとても健やかだ。

今の私はまさしく、融合の時代に相応しい西洋医学と東洋医学の融合を、自分の身体を使って実験しているかのようだ。

細胞が息をするように、愛と感謝の呼吸をしながら、身体を通じてエネルギーを循環させることを、体感できるようになった。

科学の恩恵を有難く享受しつつ、ＡＩが牽引する科学の時代でも、愛の力が治癒のための最大のエネルギーとなることを、私は今回の経験から学んだのだ。

西洋医学と東洋医学の恩恵を受けている私は、すなわち、宇宙の恩恵を受けていると言えるだろう。

宇宙の法則の大前提、それは「愛と感謝」の呼吸なのだ。


西洋医学が身体、東洋医学が心だとしたら、精神というエネルギーフィールドを支え続けた人がいる。

手術から二ヶ月。完治したわけではないが、一人で飛行機に乗ってハワイと日本を往復できるようになったのは、何を隠そう、この精神エネルギー回復の根源となった星夜である。

星夜は、日本リーダーシップ協会のビジネスパートナーであるが、作家としての彼女の才能はまさに天才的なのだ。

本書を書くにあたって、彼女が命を吹き込んできた言葉たちは、映画のごとく私の脳裏に当時の映像を蘇らせ、瞬時にあの頃へと誘った。

彼女が紡ぐストーリーは、それこそが大きなDefining daysとなり、私の毎日のエネルギー回復に貢献していたのだ。

それはまさに、第一章で紹介したエピソード、愛しい金秀姫さんと一緒に韓国国営放送に出演した時に彼女が言った言葉「私のことを私以上に知っている人が現れた！」そのままなのである。


私の思いや言葉に次々と命を吹き込み、ストーリーが組み上げられていくことが毎日の楽しみとなり、少々の身体の不自由さなど吹き飛ばしてくれた。まさに、Naked Core（真我）で繋がるPartnershipそのものだ。

私と反対に、何一つ不自由ない生活をしてきた星夜が、なぜ、これほどまで的確に、私の心と魂に寄り添えるのか？

初めて会った日からちょうど一年を過ぎた今日の彼女の進化、変化は、私がリーダーシップの証として提唱している「心、魂、哲学」を継承するのに、最も相応しいモデルとなってくれている。


先生と生徒の融合。男性性と女性性の融合。親子ともいえる歳の差の融合。主婦の作家とビジネスコンサルタントの融合。

私たち二人の融合は、率直に意見やアイディアを言い合える、理想的な融合、すなわちパートナーシップのモデルケースとして、多くの方々にシェアしていきたい。そしてこのモデルを共有することで、共感する皆様と、私たちの目指す世界平和への第一歩を共に歩んでいけたら幸いである。

実は本書を書き進めていた二〇一八年七月以降、さらなる大きな融合が生まれた。私たちの MS Mother Ship は、一般社団法人日本リーダーシップ協会とジョイントすることになったのである。私はもともと当協会の会長を務めていたが、そこに星夜が理事として加わることとなり、私たちのエンジンはさらに加速して稼働し始めた。そこから先の奇跡の連鎖もまた、宇宙の采配であると同時に、愛と感謝の賜物《たまもの》である。

日本リーダーシップ協会としての活動に、最初に大きなご支援をいただいた北原照久氏、井上裕之氏に、この場を借りて心からお礼を申し上げたい。

実際には、本書で紹介しきれないほどの多くの方々との出会いがある。

これまで私に出逢ってくださった方々、私の人生に関わった出来事、そのすべてに感謝しつつ、Last but not Least の格言のように、Naked Core（真我）を分かちあう皆様に心からの感謝を贈る。

【応援メッセージをいただいた方々】

北原照久（きたはら てるひさ）
1948年東京生まれ。ブリキのおもちゃコレクター第一人者として世界的に知られる。「多くの人にみて楽しんでもらいたい」という想いから、1986年4月、横浜山手で《ブリキのおもちゃ博物館》を開館。現在、全国5カ所でコレクションを常時展示。また2003年11月より米フロリダのディズニーワールドにて6年間《Tin Toy Stories Made in Japan》のイベントを開催。
株式会社トーイズ代表取締役・横浜ブリキのおもちゃ博物館館長。テレビ東京「開運！なんでも鑑定団」に鑑定士として出演中。CM、各地での講演会、トークショー、ラジオ等でも活躍中。『夢の実現 ツキの10ヵ条』など出版多数。

井上裕之（いのうえ ひろゆき）
1963年北海道生まれ。東京歯科大学大学院修了後、ニューヨーク大学、ペンシルベニア大学、イエテボリ大学などで研鑽を積み、故郷帯広で開業。その技術は国内外から高く評価され全国から予約が殺到し、テレビにも取り上げられている。本業の傍ら、世界中の自己啓発、経営プログラム、能力開発を徹底的に学び、ジョセフ・マーフィー博士の「潜在意識」と、ピーター・ドラッガー博士の「ミッション」を統合させた成功哲学を提唱。価値ある生き方を伝える講演家として全国を飛び回り、著書は累計発行部数150万部を突破している。歯学博士、経営学博士、医療法人社団いのうえ歯科医院理事長、島根大学医学部臨床教授ほか多数。世界初のジョセフ・マーフィー・トラスト公認グランドマスター。

内海昭徳（うつみあきのり）
筑波大学で国際関係学を学び、京都大学大学院で政治哲学を専攻。9・11テロを機に、人間と文明社会の根本的なパラダイムシフトの必要性を痛感し大学院を中退後、宇宙の根元・0=∞=1の世界を発見したNoh Jesuと出会い「認識技術・観術」を活用した新教育・新経済の事業化に取り組む。
現在、NR AMERICA設立本部長として、ハーバード大学の教育心理学教授とDignity Education（尊厳教育）の共同開発を推進中。2018年サンフランシスコで開催された国際カンファレンス『Wisdom2.0』にて、日本人で唯一登壇し「nTech」を世界に知らしめた、観術総合研究所所長。日本語・韓国語・英語で配信されている「自分と自分の宇宙は無い」という動画はシリーズ合計再生回数50万回に上る。著書『新世界への航路』『みんなの夢がかなうハイパーコネクション都市（共著：大川知之）』

長岡美妃（ながおかみき）
消化器外科医。緩和ケア医。自然療法医。東京女子医大卒業。同大学消化器外科センターにてがん治療に従事。国立国際医療センター、国立がんセンターにて緩和医療科に従事。北海道洞爺協会病院、福岡秋本病院にて緩和ケアセンター長を歴任。
現在は新板橋クリニック、医道五十三次クリニック健診センターにて未来医療に取り組んでいる。医療に携わりながら辿り着いた、病を含むすべての根本原因とその解決策で世界を立て直すというJAPAN MISSIONに奔走する革命家医師。二児の母。
著書『「真」の医療者をめざして』

Mark Komatsu（マーク 小松）

日本リーダーシップ協会会長。1945年満州生まれ。16歳の時、二度と戦争を起こさない日米関係を創りたいと立志。米ローターリークラブから召喚され一文無しで単身渡米。ベッドフォード高校卒業後、パデュー大学に初代国際奨学生として入学。トップクラスで卒業後、日本人で初めて石油メジャーのグローバルマーケティング担当に大抜擢される。その後世界のグローバル企業マネージャー、シリコンバレー上場企業での CEOを経て、世界各国で経営者を導くコンサルタント、人財開発・育成の専門家として活躍。リーダーシップ開発カリキュラムを体系化し、後進育成指導にあたっている。徹底した自発型、能力開発型の学習スタイルには定評があり、教え子たちは世界中で活躍している。ハワイ在住。

著書『自分のルールの作り方』『世界一働きたい会社を創ろう！』（フォレスト出版）など。

https://www.facebook.com/mark.m.komatsu

星夜（seiya）

日本リーダーシップ協会理事。作家。劇団夢華座団員。未来創造塾 心の寺子屋主宰。２男１女の母。

「子育ては世界で一番幸せな仕事」であること自ら実証しつつ、より豊かで輝いた人生を送るためのヒントを、執筆や舞台表現、心の寺子屋などで伝えている。

マーク小松と出会いプログラムを受講したことで人生が大きく飛躍し、今ではマーク小松の右腕として絶対的な信頼を得ている愛弟子の一人。夢は世界平和。美しい地球を次の世代に繋ぐこと。最高の教育環境を提供できる子育てのための家を創ること。

著書『フェアリーフィル いのちの秘密』（文芸社）、『JKと7人の神様』（グッドタイム出版）、舞台台本多数。

https://www.facebook.com/naoko.yamamoto.756412

日本リーダーシップ協会
https://www.facebook.com/JapanLeadershipAssociation/
https://naomyt1740.wixsite.com/nihonleadership

企画協力　Jディスカヴァー
編集協力　三村真佑美
装幀　堀川さゆり

THE《ザ》 NAKED《ネイキッド》 CORE《コア》——人生《じんせい》の縦糸《たていと》

2018年11月1日初版第1刷

著者　マーク小松／星夜
発行人　松崎義行
発行　みらいパブリッシング
〒166-0003 東京都杉並区高円寺南4-26-5　YSビル3F
TEL03-5913-8611　FAX03-5913-8011
発売　星雲社
〒112-0005 東京都文京区水道1-3-30
TEL03-3868-3275　FAX03-3868-6588
落丁・乱丁本は弊社宛にお送りください。送料弊社負担でお取替えいたします。

ISBN978-4-434-25289-1 C0095